Einfach essen

Felix Olschewski

EINFACH ESSEN

Die beste Ernährung für mich

Ein Urgeschmack-Buch

Bibliografische Information der Deutschen Nationalbibliothek
Die Deutsche Nationalbibliothek verzeichnet diese Publikation in der
Deutschen Nationalbibliografie; detaillierte bibliografische Daten sind
im Internet über http://dnb.dnb.de abrufbar.

www.urgeschmack.de

www.felixolschewski.com

Lektorat: Sascha Pranschke
www.pranschke-schreibt.com

Umschlagmotiv: Andrea Christen
www.andreachristen.com

Die Hinweise in diesem Buch ersetzen keine ärztliche Diagnose oder
Behandlung.

Herstellung und Verlag:
BoD – Books on Demand, Norderstedt
ISBN 978-3-7392-4111-1

Inhalt

Warum dieses Buch?

Wir scheinen unzufriedener mit dem Essen als je zuvor. Niedrige Preise, gute Versorgung und erfolgreiche Diäten ändern nichts an unserer Verunsicherung: Wir suchen weiter nach der gesunden, der *richtigen* Ernährung. Die Industrie nutzt die Verwirrung und kurbelt sie durch stets neue Produkte weiter an, Essen scheint zusehends komplizierter. Widersprüchliche Aussagen von Beratern, Ärzten, Forschern und Instituten unterstreichen diesen Eindruck.

Weniger wohlhabende Gesellschaften, besonders die noch heute naturnah lebenden Völker mit ihren traditionellen Ernährungsweisen, kennen unsere Probleme nicht. Essen ist für sie selbstverständlich, es fällt ihnen leicht: Es ist ihre Natur. Es ist einfach.

Das klingt für viele von uns utopisch. Wir sehen das reale Problem des sich verbreitenden Übergewichts. Wir haben Kuren und Diäten mitgemacht, haben Lebensmittel gewogen, Tabellen nachgeschlagen und Nährstoffe gezählt, haben die Wissenschaft befragt und Studien gelesen. Wie sollen wir all das hinter uns lassen und ganz natürlich essen? Was ist denn nun die richtige Ernährung für uns? Wir haben es vergessen:

Essen ist einfach.

Können wir einfach alles essen? Sicher nicht, denn Stolpersteine gibt es durchaus: Zu viel Zucker etwa, wie wir ihn besonders durch Fertigprodukte aufnehmen, schadet der

Gesundheit nachhaltig. Er macht süchtig und wie die vielen Fertigprodukte, in denen er steckt, verleitet er dazu, zu viel zu essen. Doch die Lösung dieses Problems ist keineswegs radikal, kompliziert oder ungewöhnlich, wie Sie im Folgenden feststellen werden.

Ernährung ist einfach.

Schütteln Sie die Unsicherheit von sich. Sie wissen längst, wie es geht: Ihre Sinne sind der Schlüssel. Stellen Sie sich die einzig richtige und einzig wichtige Frage:

»Was ist die richtige Ernährung für *mich*?«

So können Sie die Leichtigkeit zurückgewinnen. Dieses Buch soll Ihnen dabei helfen.

Möchten Sie ...

... ihr Essen wieder genießen?

... ihre ganz eigene, optimale Ernährung finden?

... all die Daten, Listen und Nährstofftabellen hinter sich lassen?

... einfach wieder ohne Hintergedanken und schlechtes Gewissen schlemmen?

... gesund leben und vielleicht auch abnehmen?

... zugleich auch mit Rücksicht auf unsere Ökosysteme essen?

Dann könnte dieses Buch genau das richtige für Sie sein.

Ernährung muss für ihr Leben funktionieren. Nicht ihr Leben für die Ernährung.

Dieses Buch beschreibt nicht den schnellsten Weg, um abzunehmen. Vielmehr kann es Ihnen helfen, die eigene, optimale Ernährung zu finden. Wenn Sie Sicherheit bei den ersten eigenen Schritten in ein selbstbestimmtes Leben mit Ihrer Ernährung finden, finden Sie die Wege zu Zielen wie Abnehmen oder mehr Leistung leicht von selbst.

1. Die richtige Frage

I. Was ist die beste Ernährung?

Die beste Ernährung schmeckt, macht Spaß, ist einfach und hält gesund. All das sind subjektiv bewertete Eigenschaften und genau das macht Ernährung aus: Sie ist für den einzelnen Menschen da, für das Individuum.

Kurios ist daher, dass die verbreiteten Wege auf der Suche nach der besten Ernährung meist mit einer Betrachtung der Lebensmittel und nicht des Menschen anfangen. Wie sind die Lebensmittel zusammengesetzt, woher kommen sie, was bewirken sie? Wir suchen nach Mustern und Zusammenhängen, studieren Statistiken und Bevölkerungen. Danach folgt die Entscheidung, was die besten Lebensmittel sind und welche wir folglich essen sollten.

Statt beim Menschen zu beginnen, stellen wir das Mittel vor den Zweck. Wir krempeln den Ernährungplan um, essen möglicherweise Dinge, die wir nicht mögen, nirgends einfach kaufen können, uns frustrieren oder sozial isolieren.

Wie kommt es zu diesem absurden Ansatz? Wir suchen nach *der einzig richtigen* Antwort. Immerhin geht es um Leben und Tod: Wer sich *falsch* ernährt, kann daran sterben. Das scheint ein ausreichender Grund, der Frage mit wissenschaftlichem Ernst nachzugehen. Und dafür benötigen wir nun einmal Studien und Experimente und Ergebnisse. Doch diese fallen zu unserem Unmut widersprüchlich aus: Andernfalls wäre längst alles geklärt und wir hätten den Heiligen Gral unser aller Ernährung gefunden. Stattdessen erleben wir, dass scheinbar grundverschiedene Diät-Ansätze wie vegan (keine Tierprodukte) und paleo (kein Getreide und keine Milch) beide zu guten Ergebnissen führen. Wir stehen vor einem Papierstapel voller Widersprüche, sind verwirrt, verunsichert und verärgert. Wann erklärt uns die Wissenschaft endlich, was die beste Ernährung ist?

Seit über 100 Jahren bemühen wir die Wissenschaft, um diese Frage zu beantworten und bis heute haben wir kein zufriedenstellendes Ergebnis erhalten. Ist die Wissenschaft nutzlos?

»Die Definition von Wahnsinn ist, immer wieder das Gleiche zu tun und andere Ergebnisse zu erwarten.«
ALBERT EINSTEIN

Eine wissenschaftliche Herangehensweise besteht aus mehreren Elementen: Ein bestehendes Problem (hier die Frage nach der besten Ernährung), eine oder mehrere Theorien für die Antwort, Experimente zur Prüfung diese Theorien, Vermutungen über die Ergebnisse, tatsächlich beobachtete Ergebnisse und Schlussfolgerungen. Dafür braucht es nicht immer Labors und Reagenzgläser. Diese Methode haben wir vor langer Zeit entwickelt und sie hat uns unfassbare Fortschritte gebracht und das Verständnis unserer Umwelt ermöglicht. Wissenschaft gilt als Motor unserer Zivilisation. Warum versagt sie bei unserer Suche nach der besten Ernährung?

Möglicherweise haben wir noch nicht genügend Hypothesen entwickelt. Ohne Theorie kann Wissenschaft nicht funktionieren. Stellen wir uns also seit über 100 Jahren zu dumm an? Sind wir der Lösung auf der Spur, haben jedoch bislang immer knapp daneben gelegen? Es wäre nicht das einzige seit langer Zeit ungelöste Problem.

Die durchgeführten Experimente haben wir jedenfalls zumindest teilweise einwandfrei durchgeführt und auch die Schlussfolgerungen waren plausibel. Wo also liegt der Fehler? Wenn wir die Hypothesen, Ergebnisse und Folgerungen sorgfältig geprüft haben, bleibt noch eine Möglichkeit: Wir stellen die falsche Frage.

Was ist die beste Ernährung? Das ist zu allgemein formuliert. Die beste Ernährung in Bezug worauf? Und für wen? Wie sollte eine Untersuchung die individuellen Voraussetzungen und Bedürfnisse höchst unterschiedlicher Menschen berücksichtigen? Was wir von der Wissenschaft erwarten, kann sie unmöglich leisten. Die Frage nach der besten oder gesündesten Ernährung ist unpräzise und daher unmöglich zu beantworten.

Das zu erkennen ist nicht schwierig, doch schon lange hält uns eine Ideologie auf diesem Kurs des Wahnsinns. Sie ist aus der Suche nach der Antwort selbst entstanden und bedient sich der Wissenschaft, um die Lösung vor uns zu verbergen. Ihr Name: Nährstoffismus.

II. Nährstoffismus

Für viele Ernährungsberater und -Wissenschaftler sind Lebensmittel nicht mehr als die Summe ihrer Teile. Der australische Dozent für Lebensmittel- und Ernährungspolitik Gyorgy Scrinis bezeichnet diese naive Perspektive des wissenschaftlichen Reduktionismus im Englischen als *Nutritionism*. Nährstoffismus beruht auf der unbestätigten Annahme, der Schlüssel zum Verständnis von Lebensmitteln seien allein die enthaltenen Nährstoffe.

Diese Ideologie engt unser Verständnis von Lebensmitteln ein und verzerrt unser Urteilsvermögen hinsichtlich ihrer Qualität. Wenn es allein um einzelne Nährstoffe ginge, könnte dies selbst ein stark verarbeitetes Fertigprodukt aus minderwertigen Zutaten zu einer gesunden Speise erheben. Auch ein Stück Pappe lässt sich um Vitamine und Mineralstoffe anreichern und erhielte so den Status eines gesunden Lebensmittels. Ernährung gerät dabei zu einer schlichten Bilanzierung.

Popularität gewann der Begriff durch den amerikanischen Autor Michael Pollan, welcher darauf hinwies, »Ismen« seien in der Regel Ideologien. Der Nährstoffismus habe sich zu einer Art Religion entwickelt, deren Priester (Ernährungswissenschaftler) die stets aktuelle Orthodoxie verkünden. Naturgemäß teilt Nährstoffismus die Welt des Essens in gute und böse Lebensmittel ein.

Nährstoffismus gaukelt Lösungen vor und erzeugt neben Widersprüchen stets neue Wellen: Das Fiasko um Butter, Margarine und Transfette, die Kriege zwischen den Makronährstoffdiäten (LowCarb, LowFat, HighCarb, GI), Superfood-Hypes und Vitaminwahn sind allesamt Folgen des Nährstoffismus.

Der Fehler dieser Logik liegt in der Ignoranz der vielfältigen Verknüpfungen des Essens mit unserem Lebensalltag. Menschen essen nicht nur, um sich zu ernähren. Sondern auch aus Freude, zum Genuss oder aus Geselligkeit. Diese Werte haben nachweisbaren Einfluss auf die Gesundheit und ohne ihren Kontext ist jedes Urteil fehlerhaft. Ganze Bevölkerungen ruinieren auf diesem Wege scheinbar eindeutige Studienergebnisse der Nährstoffismus-Anhänger. Als das *französische Paradox* bekannt ist zum Beispiel die Beobachtung, dass sich

Franzosen trotz hohen Fett-, Wein- oder Kohlenhydratkonsums bester Herzgesundheit erfreuen.

Laut Nährstoffismus müsste das Gegenteil der Fall sein. Also suchen die Verfechter dieser naiven Ideologie die Gründe dafür in den Antioxidantien des Rotweins, dem Resveratol und den Polyphenolen. Sie greifen nach jedem statistischen Strohhalm, um eine Erklärung des Phänomens allein durch Nährstoffe zu liefern.

Den Einfluss übriger Lebensumstände wie Zufriedenheit und soziale Bindungen auf den körperlichen Gesundheitszustand ignoriert der Nährstoffismus. Lachen, Freude und Beisammensein bei einem Festmahl haben signifikante, jedoch für diese Ideologie nicht messbare Wirkungen auf die Gesundheit.

Größter Nutznießer des Nährstoffismus dürfte die Nahrungsmittelindustrie sein. Ganz gleich wie die aktuelle Orthodoxie lautet: Sie kann jedes ihrer Produkte mit dem gerade im Trend liegenden Nährstoff versehen. Vitamin C, Omega-3-Fettsäuren oder Kalzium: Es gibt nichts, um was sich Margarine, Frühstücksflocken und Reiskekse nicht anreichern ließen. Jeder neue Trend bedeutet eine neue Produktreihe – und neue Reportagen, weswegen auch die Medien den Ball gerne weiterspielen. Zusammen mit einigen willigen Wissenschaftlern reiten so Industrie und Medien gemeinsam eine Welle nach der anderen.

Und die Ursache dieser Wellen sind meist nur in einen Teich geworfene Kieselsteine. Die Studienergebnisse beruhen auf Statistiken, sie zeigen lediglich wechselseitige Beziehungen *(Korrelationen)* und keine Ursachen *(Kausationen)*. Wenn die Statistik zeigt, dass Menschen mit relativ hohem Fleischkonsum früher sterben, ist dies noch kein Nachweis für den Fleischkonsum als Ursache. Denn möglicherweise pflegen diese

Menschen generell einen weniger gesunden Lebensstil, rauchen und trinken mehr und bewegen sich weniger. Solche statistischen Werte erlauben daher höchstens das Aufstellen einer Theorie, die dann weiterer Prüfung bedarf, eben um Ursache und Wirkung zu belegen. Ein Beispiel: Die Statistik zeigt, dass die Angriffe von Haien auf Menschen in solchen Jahren zunehmen, in denen mehr Eiscreme verkauft wird (eine Korrelation). Daraus könnte man schließen, das Essen von Eiscreme erhöhe das Risiko von Haiattacken (eine Kausation). Derartige Schlussfolgerungen ziehen die Medien immer wieder, schließlich sind es sensationelle Meldungen. Dass es eine Vielzahl anderer Erklärungen gibt, spielt dabei keine Rolle. Genau solche voreiligen Folgerungen machen jedoch den Großteil aller Wellen des Nährstoffismus aus.

Zu unserem Beispiel: Mit größter Wahrscheinlichkeit ist es in den Jahren mit hohem Eiscremeverkauf einfach wärmer und mehr Menschen gehen ins Wasser, folglich steigt zwingend die Wahrscheinlichkeit für Hai-Vorfälle.

Ein weiteres Problem liegt in der Untersuchung der Ernährung selbst. Sie ist so komplex, dass sich kein Faktor wirklich isolieren lässt. Selbst wenn wir ein realistisches Magenmodell im Labor kreierten, könnten wir nie einzelne Lebensmittel oder Nährstoffe isoliert auf ihre Wirkung untersuchen. Denn wenn wir dem System beispielsweise weniger Fleisch zuführen, reduziert dies zugleich auch die Kalorienzufuhr. In einem sauberen Experiment müssten wir dies ausgleichen, etwa durch Fett oder Kohlenhydrate in Form von Gemüse oder etwa durch ein pflanzliches Protein. Dadurch ändern wir jedoch bereits eine zweite Variable. Eine Änderung im Ergebnis könnte durch das Weniger an Fleisch, jedoch auch durch ein Mehr am entsprechenden Ersatz zustandekommen.

Wir können Lebensmittel nicht isoliert untersuchen. Selbst wenn es machbar wäre, würde es uns keinerlei realistische Ergebnisse liefern. Das Verdauungssystem interagiert mit dem gesamten Körper. Neben Wechselwirkungen mit anderen Nahrungsmitteln spielen auch Faktoren wie die übrige Chemie des Körpers, der Hormonhaushalt und körperliche Aktivität eine Rolle.

III. Der Wert des Wissens

Der Mensch ist wie jedes andere Lebewesen ein präzise ausbalanciertes System. In der Natur beobachten wir immer wieder, wie empfindlich diese Balance sein kann. Unsere Spezies ist relativ robust und anpassungsfähig, das ist die Ursache unseres Erfolgs. Dennoch benötigen wir ein gewisses Maß an Balance auch in unserer Ernährung.

Wer viel Fleisch isst, lebt womöglich ungesund. Aber liegt das am Fleisch? Oder könnte es daran liegen, dass so jemand zwangsläufig verhältnismäßig weniger Gemüse isst und ihm die entsprechenden Nährstoffe fehlen? Letztere Erklärung dürfte mit höherer Wahrscheinlichkeit zutreffen als die Vermutung, Fleisch mache krank. Denn dafür haben wir bis heute keinen Hinweis nach dem Prinzip von Ursache und Wirkung.

Mindestens so wichtig wie die Dinge, die wir essen, sind daher auch die Dinge, die wir *nicht* essen.

Zu diesen Unwägbarkeiten gesellt sich seit einiger Zeit ein weiteres, noch immer wachsendes Themengebiet: Unsere Darmflora. Diese ist so komplex, dass Wissenschaftler den

Menschen zusehends als Kollektiv betrachten: Unser Darm enthält mehr Bakterien als unser Körper Zellen. Wir sind demnach nur zu zehn Prozent menschlich, und der menschliche Beitrag zu unserer DNA liegt gar bei nur einem Prozent. Diese Bakterien leben in Symbiose mit uns und haben maßgeblichen Einfluss nicht nur auf unsere Verdauung, sondern die gesamte Gesundheit. Von ihnen hängt ab, ob und wie wir bestimmte Lebensmittel verdauen. Diese Gemeinde in unseren Därmen ist vielfältig und in ihrer Zusammenstellung von Mensch zu Mensch so verschieden wie Fingerabdrücke. Diese Vielfalt ist eine Erklärung für die vielen widersprüchlichen Forschungsergebnisse, und die Abweichungen zwischen unterschiedlichen Bevölkerungen. Es ist ein weiterer Nagel im Sarg des Nährstoffismus, der diesen Themenbereich nur durch Themen wie Prä- und Probiotika oberflächlich schrammt.

Ist all unser Wissen wertlos? Ohne Zweifel haben wir aus der Wissenschaft wichtige Erkenntnisse gewonnen. Wir haben viel gelernt und verstehen unsere Ernährung besser, können etwa Mangelernährungen und ernährungsbedingten Krankheiten besser vorbeugen. Wir verstehen einige Mechanismen sehr gut, haben eine solide Datenlage über die Wirkung von zu viel Zucker auf den Menschen.

Doch für viele absolute und allgemeingültige Aussagen genügt unser Wissen keinesfalls. Auch der Mikronährstoffwahn, Superfoods und Nahrungsergänzungsmittel sind angesichts unserer zerbrechlichen Erkenntnislage potenziell eher riskant als hilfreich. Ist es sinnvoll, sich ein wenig mit der Zusammensetzung seiner Lebensmittel, mit Vitaminen und Mineralstoffen, mit Kohlenhydraten und Fetten auseinanderzusetzen? Bestimmt. Ist es nötig? Nein, denn wir haben Millionen Jahre auch ohne diese Betrachtung überlebt. Ist es hilfreich? Oft nicht. Nämlich dann, wenn es im Nährstoffismus endet – und das passiert leider häufig.

Wer dieses Wissen (oder teils Pseudowissen) bereits hat, tut gut daran, den Wert dieser Informationen zu relativieren. Die Daten haben nur sehr bedingte Aussagekraft. Schieben Sie sie weit in den Hinterkopf. Vergessen Sie sie womöglich.

Eine Beschäftigung mit Lebensmitteln ist wichtig und hilfreich. Jedoch nicht von der ideologischen Seite des Nährstoffismus. Vitamine und Antioxidantien sind lebensnotwendig und wir sollten sie beachten. Jedoch mit dem richtigen Stellenwert. Kein Tier beginnt zu essen mit dem Gedanken an Mikronährstoffe. Am Anfang steht Hunger oder Appetit. Der kürzeste Weg zu deren Befriedigung ist das Essen selbst. Daher sollten Lebensmittel immer der Anfang unserer Betrachtung sein. Nährstoffismus zäumt das Pferd von hinten auf, beginnt mit den Nährstoffen und scheitert mit seinen Erklärungen und Antworten auf unsere unmöglich zu beantwortende Frage.

IV. Die richtige Frage

Wie also sollte unsere Frage eigentlich lauten, wenn »Was ist die beste Ernährung?« zu unpräzise ist? Unser definitives Wissen, die belastbare Datenlage, ist sehr begrenzt. Daher bleibt uns nur die Reduktion der Variablen in der Fragestellung.

Die beste Ernährung soll sicherlich schmecken, gesund halten, Spaß machen und einfach sein. Geschmack und Spaß sind subjektiv, Einfachheit (oder Unkompliziertheit) ist zumindest relativ und Gesundheit scheint schon allein angesichts unserer bakteriellen Gäste ebenso subjektiv. Bei all dieser Subjektivität scheint die angemessene Frage einfach:

Was ist die beste Ernährung *für mich*?

Meine Ernährung kann nicht auf der Untersuchung an *anderen* Menschen basieren. *Mein* Essen muss *mir* schmecken, *mich* gesund halten, *mir* Spaß machen und für *mich* umsetzbar sein. Eine maßgeschneiderte Ernährung nur für mich. Und wie sieht die aus? Das kann nur ich selbst ermitteln. Dabei kann mir die Wissenschaft dienen, ich kann die Experimente selbst durchführen und meine eigenen Schlüsse ziehen.

Vor allem gilt eines: Wir leben nicht für die Ernährung. Sondern die Ernährung dient unserem Leben.

Sie muss dem Lebensstil gerecht werden und in den Alltag passen. Wenn wir spezifische Ziele haben, etwa Gewichtsverlust oder Leistungsgewinn, können wir sie anpassen und müssen gegebenenfalls Kompromisse eingehen. Doch für das grundsätzliche Überleben sollte sich das Essen dem Leben fügen. Ernährung kann nie wichtiger als das Leben selbst sein.

Genuss, Gesundheit, Spaß und Unbeschwertheit. Das klingt nicht nach viel. Und doch scheint es für immer mehr Menschen unerreichbar. Sie sind verunsichert durch widersprüchliche Empfehlungen oder haben Angst vor Übergewicht, sind eingeschüchtert von Medienberichten oder einfach verärgert über schlechte Lebensmittelqualität.

Doch aus diesem Spannungsfeld können Sie austreten, wenn Sie sich erneut die Frage vor Augen führen: »Was ist die beste Ernährung für mich?« Was Ihnen schmeckt und Ihnen Spaß macht, kann niemand außer Ihnen entscheiden. Und was Ihre Gesundheit angeht sind die wirklich allgemeingültigen Erkenntnisse hinsichtlich der geeigneten Ernährung wesentlich einfacher verständlich, als die Medien Ihnen dies verraten wollen. Wie sollte es auch anders sein? Unsere Spezies hat Millionen Jahre ohne all diese Empfehlungen und Beschränkungen überlebt.

Was macht mir Spaß? Was schmeckt mir? Was ist gut für mich? Was ist einfach für mich? Das klingt nach trivialen Fragen. Durch jahrzehntelanges Dauerfeuer aus Medien, Industrie und Wissenschaft haben jedoch viele von uns verlernt, sie hinsichtlich der Ernährung zu beantworten. Aus der Vielzahl der vorgeschlagenen Lösungen haben wir eine ausgewählt, ohne zu prüfen, ob sie überhaupt zu uns passt. Wir sind abgestumpft und haben die eigene Wahrnehmung ausgeschaltet, um dem Rauschen Herr zu werden.

Doch wir können lernen, diese Fragen wieder selbst zu beantworten. Nur wir selbst kennen die einzig richtigen Antworten und der Weg dorthin ist faszinierend und befriedigend. Sicher, wir müssen dafür eigene Entscheidungen treffen und Verantwortung für uns selbst übernehmen. Unsere Spezies schreckt naturgemäß davor zurück. Doch wer sich dieser Aufgabe hingibt, wird belohnt mit Spaß, Genuss und Zufriedenheit. Es ist ein fortwährendes Abenteuer.

2. Abenteuer Essen

»Das Tafelvergnügen gilt jeden Tag für jeden Menschen,
gleich seiner Herkunft, Geschichte oder sozialen Standes; es
kann Teil anderer Freuden sein; und es hält am längsten
an, um ihn über deren Verlust zu trösten.«
Jean Anthelme Brillat-Savarin

I. Wissen

Essen hat das Potential, uns mehrmals am Tag Freude und
Glückseligkeit zu bereiten. Um dies zu verwirklichen, benötigen wir keine Restaurants und keinen Privatkoch. Auch stundenlanges Stehen in der Küche ist keine Voraussetzung für eine
erfüllende Mahlzeit.

Die Grundlage für sinnlichen Genuss sind selbstredend
unsere Sinne. Doch auch über den aufmerksamen Einsatz unserer klassischen fünf Sinne (sehen, hören, riechen, schmecken,
tasten) hinaus können wir den Genuss stimulieren: Durch
Wissen.

Das Wissen um Entstehung und Potential frischer Lebensmittel und um die dafür arbeitenden Menschen vermittelt den
Wert dieser Zutaten. Nur wer diesen Wert begreift, gewinnt
Respekt vor dem Essen und kann zugleich dessen Potenzial
erfassen. Dieses Verständnis ist die Grundlage der Wertschätzung. Echte Wertschätzung schärft das Bewusstsein und damit
die Sinneswahrnehmung.

Wenn wir also den höchsten Genuss aus unserem Essen
ziehen wollen, müssen wir uns damit beschäftigen. Dazu

gehört mehr als sein unmittelbares Aussehen, sein Geruch und sein Geschmack. Jedes Detail der Entstehung trägt zum weiteren Verständnis bei und erhöht so über den Weg der Wertschätzung den Genuss.

Vorfreude gilt als die schönste Freude. Haben Sie sich schon einmal auf Essen gefreut? Vorfreude entspringt unserer Vorstellungskraft, welche wiederum auf dem basiert, was wir kennen. Allerdings können wir uns auch auf etwas freuen, was wir nicht kennen. Zum Beispiel eine bislang unbekannte Speise in einem neuen Restaurant: Was wir uns darunter vorstellen, kann umso intensiver sein, je größer unser Erfahrungsschatz ist. Wer viel ausprobiert, kann demnach umso mehr genießen, weil er die Bibliothek seiner Sinneseindrücke stets erweitert. Wissen ist der Schlüssel zum genussvollen Essen. Das Schöne daran ist, dass wir uns Wissen selbst aneignen können. Die Zügel liegen in unseren Händen.

Keine Sorge: Nährstofftabellen und Diätpläne sind dafür irrelevant. Uns interessieren nicht Zahlen und Listen, sondern die Lebensmittel selbst. Denn allein sie sind es, die auf unseren Zungen landen.

Auch Diätprogramme und Begriffe wie Vegan, Paleo, Rohkost und LowCarb kann man nicht essen. Sie können uns nichts über Wertschätzung oder Genuss beibringen.

Über das Essen selbst lernen können wir nur von echten Lebensmitteln, von den Grundzutaten. Am Anfang steht nicht die Pizza und nicht die Tomatensoße, sondern die Tomate selbst. Wir benötigen daher keine Hilfe von der Industrie, die uns mit ihren Fertigprodukten mehr Träume als Nahrung anbietet (oft ist die Vermarktung teurer als das eigentliche Produkt).

Essen ist lebensnotwendig. Alle Menschen essen. Es ist

unsere größte Gemeinsamkeit, es überwindet Sprachen, Kulturen und Religionen, sogar Spezies. Essen verbindet uns alle. Dementsprechend hoch ist sein Stellenwert. Ob wir diesen respektieren hängt von unseren individuellen Zielen ab. Doch wenn wir unser Essen in vollem Umfang genießen wollen, sollten wir den Lebensmitteln und ihrer Zubereitung Aufmerksamkeit und Zeit schenken. Nichts ist umsonst.

Die gute Nachricht: Nur weil etwas Zeit oder Mühe kostet, muss es nicht unangenehm sein. Es ist eine Frage der Perspektive. Und wer Genuss und gutes Essen einmal für sich entdeckt hat, dem ist häufig keine Mühe zu groß, dabei zu bleiben und seinen Horizont zu erweitern.

Das Risiko ist gering. Der Einsatz: Ihre Sinne. Sie können nichts verlieren und viel gewinnen.

II. Herkunft

»Niemand wird schützen, was ihn nicht interessiert. Und niemand interessiert sich für etwas, das er nie erlebt hat.«
Sir David Attenborough

Die Natur um uns herum und in uns stellt alles Nötige zur Verfügung, damit wir Essen erleben, Wertschätzung entwickeln und grenzenlos genießen können. Voraussetzung ist der aktive und bewusste Einsatz unserer Sinne. Nur wenn wir aufmerksam essen, schmecken und in uns hören, können wir wirklich etwas lernen: Nämlich, was das jeweilige Lebensmittel mit *uns selbst* macht. Wie schmeckt es *mir*? Welches Gefühl bereitet es *mir*?

Finden wir echten Gefallen an etwas, weckt dies unser Interesse. Meist folgt zunächst der Wunsch, das angenehme Erlebnis zu wiederholen. Dafür benötigen wir Nachschub.

Wo kam diese leckere Tomate her?

Wenn die Antwort »Aus dem Supermarkt« lautet, merken wir schnell, dass wir in einer Sackgasse stecken. Der Supermarkt stellt keine Lebensmittel her und nur in wenigen Fällen bezieht er sein Obst und Gemüse von den immer gleichen Erzeugern. Viel häufiger beliefert ihn ein Zentrallager und die Ware kommt von verschiedenen Betrieben in Deutschland oder ganz Europa. Es ist als Verbraucher daher nahezu unmöglich, die Spur einer im Supermarkt gekauften Tomate zu verfolgen. Mit etwas Glück stammen die Tomaten morgen noch aus der gleichen Lieferung und vielleicht nächste Woche auch. Möglicherweise kommt noch bessere Ware rein, vielleicht aber auch schlechtere.

Dies ist eine frustrierende Situation für Menschen, denen die Gaumenfreude ans Herz gewachsen ist. Sollte der Genuss einer köstlichen Tomate wirklich dem Glück überlassen sein?

Den Ausweg aus dieser scheinbar hoffnungslosen Lage bringt Wissen. Nur wenn wir wissen, wo wir gute Tomaten bekommen, können wir mehr genießen.

Und wenn der Supermarkt nicht weiß oder nicht verrät, woher er die leckeren Tomaten bekommt, steht er unserem Ziel im Weg und wir müssen uns eine andere Quelle suchen.

Auf der Suche stoßen wir unausweichlich auch auf weniger schmackhafte Tomaten. Diese Qualitätsunterschiede bedeuten jedoch auch, dass es noch bessere Tomaten geben könnte als die, die unsere Suche ausgelöst hat. Dies wirft neue Fragen auf:

Warum schmecken Tomaten überhaupt so verschieden?

Welche Faktoren sind dafür verantwortlich? Antworten darauf mag ein Biologiestudium geben, doch bereits die ausdauernde Suche nach unserer neuen Tomatenquelle wird diesen einsetzenden Wissensdurst befriedigen.

Wenn der Supermarkt nicht weiterhelfen kann, dann vielleicht der spezialisierte Gemüsehändler im Ladenlokal, Hofladen oder auf dem Wochenmarkt. Entpuppen sich diese als ähnliche Sackgassen, zeigt das nur den einzig nachhaltigen Weg: Das Umgehen des Händlers und den Gang direkt zum Erzeuger. Auf dem Wochenmarkt ist der häufig nur wenige Schritte entfernt.

Dort erfährt der interessierte Gourmet oft auch mehr über den Einfluss des Wetters auf das Aroma. Geschmackliche Unterschiede zwischen den Tomaten verschiedener Erzeuger im gleichen Klima wiederum zeigen, dass mehr im Spiel sein muss als nur Sonnenschein. Und so eröffnet sich das Thema der Bodenqualität. Gutes Gemüse braucht neben geeignetem Klima auch einen guten Boden. Und was macht einen solchen aus? Wieder eine neue Frage. Kann man nicht einfach düngen? Offenbar nicht. Der biodynamisch arbeitende Erzeuger weiß, dass das Düngen der Pflanze nicht ausreicht, wenn wirklich hervorragende Lebensmittel das Ziel sind. Sir Albert Howard, Pionier der ökologischen Landwirtschaft, wies bereits darauf hin: »Künstliche Dünger führen unausweichlich zu künstlichen Nährstoffen, künstlichem Essen, künstlichen Tieren und letztlich zu künstlichen Männern und Frauen.« Das Resultat gibt ihm Recht: Je gesünder der Boden als Ganzes, desto kräftiger und nährstoffreicher die Pflanze. Und Nährstoffe sind genau das, was sich auf unserer Zunge als Geschmack ausdrückt.

Und es geht über die Böden hinaus: Pflanzen, die im Freien

24

wachsen, entwickeln häufig mehr Nährstoffe als solche, die den Schutz eines Gewächshauses genießen. Sind sie den Naturgewalten ausgesetzt, müssen Sie sich dieser erwehren und bilden dafür Abwehrstoffe. Genau diese Stoffe sind Nährstoffe für uns und auch sie äußern sich durch mehr Aroma. Das erklärt, warum Gemüse aus Nachbars Garten oder aus einigen Betrieben des ökologischen Landbaus häufig intensiver schmeckt.

Insofern gilt unser ultimatives Interesse also guten Böden und deren Entstehung. Noch immer brauchen wir kein Biologiestudium, um genussvoll zu essen. Wir sind einer Geschichte auf der Spur, deren Handlungsstrang sich vom Boden durch das Gemüse über den Bauernhof zieht. Doch sie endet weder in unserer Küche, noch in unserem Magen – sondern sie beginnt dort von vorne. Zahlreiche Schauplätze und unvergessliche Charaktere lernen wir dabei kennen. Orte und Charaktere, deren Schicksal unausweichlich und eng mit unserem Leben verknüpft sind, ganz gleich ob wir sie beachten oder nicht.

Den meisten Menschen kennen die praktisch unbezahlbaren Dienste, die Bienen uns leisten. Ohne sie wäre die Befruchtung der für uns lebensnotwendigen Nährpflanzen kaum machbar. Weniger gegenwärtig im allgemeinen Bewusstsein ist hingegen die Rolle der Regenwürmer in unser aller Leben. »Ohne die Arbeit dieser bescheidenen Kreatur, die nichts über den Nutzen weiß, den sie der Menschheit bringt, wäre die Landwirtschaft wie wir sie kennen sehr schwierig, wenn nicht unmöglich«, schrieb Charles Darwin 1881. Über 45 Tonnen Erde setzen diese Tiere jährlich pro Hektar Land um. Zusammen mit Bakterien und Pilzen zersetzen sie dabei totes organisches Material wie heruntergefallene Blätter und bilden Humus. Von diesen, auch *Destruenten* genannten Wesen, erhalten Pflanzen letztlich die für ihr Wachstum benötigten

Mineralstoffe. Sie sind einer der drei Pfeiler des Stoffkreislaufs. Pflanzen, die *Produzenten*, erzeugen Nahrung. *Konsumenten* sind Tiere und Menschen, welche ultimativ auf die Pflanzen als Nahrungsquelle angewiesen sind. Die Überreste der Pflanzen und unseres Stoffwechsels verarbeiten die Destruenten dann wieder zu Nährstoffen für die Pflanzen.

So funktioniert der Stoffkreislauf, in dem wir uns mit den Pflanzen befinden. Möchte der Mensch optimale Tomaten erhalten, muss er seine Aufgabe in diesem System bestmöglich erfüllen. Versteht und fördert er jedes Kettenglied in diesem Kreislauf, kann er das beste Ergebnis erreichen.

Auch für den heimischen Garten bedeutet das, die eigenen Küchenabfälle bzw. Pflanzenreste zu kompostieren und so dem Kreislauf wieder zur Verfügung zu stellen. Wer auf unausgewogenen, synthetischen Dünger verzichtet, schont die Regenwurmpopulation. Die Düngung mit Kompost stützt darüber hinaus die Bodengesundheit und in einem optimal gepflegten System kann man Humus aufbauen, auf diesem Wege den Pflanzen eine hervorragende Wachstumsgrundlage bieten und sich zugleich an der Ernte köstlicher Früchte erfreuen.

All diese Faktoren (und mehr, nicht zuletzt die Wahl der Sorte) beeinflussen den Geschmack der Tomate. Das ist weitaus mehr – und viel spannender –, als die uniforme Plastikschale im Supermarkt eingestehen mag. Indem wir diese Aspekte beachten, meiden wir die Fließbandmentalität und entgehen der Undurchschaubarkeit des Supermarktsystems. Echte Lebensmittel sind keine langweiligen Produkte, sondern das Resultat vielfältig miteinander verknüpfter Ereignisse, die ihnen so individuelle Geschichten verleihen wie jedem einzelnen Menschen.

Das ist es, was die Suche nach den besten Lebensmitteln so

spannend – und belohnend – macht. Wir können die Suche nach köstlichem Essen als lästige Mühe betrachten oder die Augen für diese Details öffnen und jedes Mal ein neues, spannendes Abenteuer erleben, das auf unserer Zunge seinen Höhepunkt erlebt.

All diese Zusammenhänge müssen wir nicht bis ins Detail verstehen und nachvollziehen können. Doch zu begreifen, dass da mehr ist als eine Plastikschale mit Tomaten im Supermarkt, ist Teil der Wertschätzung. Tomaten schmecken nicht zufällig unterschiedlich, es ist kein reines Glücksspiel. Stattdessen sind sie ein Produkt vieler mess- und kontrollierbarer Faktoren. Wenn wir unser Essen genießen möchten, tun wir gut daran, uns damit auseinanderzusetzen und so die Kompetenz zu entwickeln, tendenziell die appetitlichsten Lebensmittel auszusuchen.

III. Verarbeitung

»Sie müssen nicht ausgefallen kochen oder komplizierte Meisterwerke zubereiten – sondern einfach nur gutes Essen aus frischen Zutaten.«
Julia Child

Die Faszination endet nicht beim fertigen Lebensmittel im Einkaufskorb. Nehmen wir das Beispiel einer Möhre: Selbstverständlich kann sie roh ein Hochgenuss sein. Doch in Verbindung mit einer der urmenschlichsten Fähigkeiten, dem Kochen, vergrößert sich ihr geschmackliches Potential um ein Vielfaches.

Die Hitzeeinwirkung durch Kochen, Backen oder Braten dient weit mehr als dem Erhitzen oder dem Aufweichen der Zellwände. Ganz ohne Zugabe weiterer Zutaten oder Gewürze verwandelt Hitze die Moleküle der Karotte in völlig neue Verbindungen. Die sogenannte Maillard-Reaktion verbindet bei Temperaturen oberhalb 110°C die enthaltenen Kohlenhydrate mit Aminosäuren. In diesen Reaktionen entstehen hunderte neuer, bis heute nicht erforschter Verbindungen und Aromen, welche ihrerseits miteinander reagieren.

Währenddessen beginnt mit steigender Temperatur langsam die Karamellisierung der enthaltenen Zucker. Abhängig sind diese chemischen Reaktionen von der Temperaturkurve, dem ph-Wert, dem Wassergehalt und natürlich den im Ausgangsmaterial, der Möhre, enthaltenen Aminosäuren und Zuckern. Je nach Herkunft der Möhre sind folglich auch die Ergebnisse dieser Reaktionen unterschiedlich.

Die Produkte der Maillard-Reaktion sind verantwortlich für den Geschmack von Kaffee und Schokolade, Brot und Bier und gegartem Gemüse und Fleisch. Unsere unterschiedlichen Methoden des Kochens haben nicht nur ungefähr, sondern in jedem Detail Auswirkung auf das Ergebnis. Zehn Minuten maillardisierte Karotten schmecken anders als solche, die eine Stunde lang die gleiche Reaktion durchlaufen haben – auch wenn sie vielleicht gleich aussehen. Dies bedeutet, dass mehr oder weniger Zucker in der Möhre nicht nur Einfluss auf die Süße des Endproduktes hat, sondern auch auf die Art und Anzahl der Röstaromen. Es bedeutet, dass beim Kochen jedes noch so kleine Detail von Bedeutung ist.

All diese Details und Möglichkeiten der Einflussnahme enthalten Fertigprodukte uns vor. In der industriellen Fertigung steht die Gewinnmaximierung im Vordergrund und schwer mess- oder vergleichbare Größen wie das Aroma oder der Mikronährstoffgehalt ordnen sich dem unter. Der Fokus ist auf eindimensionale Effizienz und ein uniformes Produkt gerichtet. Die vielfältige Welt etwa der Maillard-Reaktionen wäre dem Erreichen der industriellen Standardisierung eher hinderlich.

Die Industrie macht es sich aus Kostengründen stets einfach. Ein gutes Beispiel dafür ist Kaffee: Der Grund für die weite Verbreitung besonders dunkel gerösteten Kaffees liegt darin, dass sich so auch die Kaffeebohnen schlechtester Qualität auf ungefähr den gleichen, mittelmäßigen Geschmack bringen lassen. Die großen Produzenten können verschiedene Bohnen und Qualitäten mischen und zugleich auf die jeweils billigste Ware zurückgreifen. Die dunkle Röstung zerstört jedoch jegliche Charakteristik der empfindlichen Kaffeebohne. Denn ähnlich wie beim Wein haben auch beim Kaffee unzählige Faktoren Einfluss auf den Geschmack. Hochwertiger Kaffee aus Kenya schmeckt anders als solcher aus Äthiopien. Und selbst innerhalb eines Landes und Anbaugebietes gibt es große Unterschiede im Geschmack. Erleben kann man diese jedoch nie mit der Massenware aus dem Supermarkt. Um die vielen Feinheiten spezifischer Kaffees herauszuarbeiten und deren Aromen von Beeren, Blumen, Mandarinen oder Kakao auf die Zunge zu bringen, braucht es einen sorgfältig arbeitenden Kaffeeröster. Er muss sich mit der Herkunft und den Eigenheiten jeder Lieferung einzeln auseinandersetzen, um das optimale Röstprofil zu finden. Das gleiche gilt für alle Lebensmittel: Die Massenproduktion der Industrie scheint effizient und dient oberflächlich der Gewinnmaximierung. Das Resultat ist jedoch bestenfalls ein mittelmäßiges und langweiliges Produkt und viel verschenktes Potenzial.

» Was ist die beste Ernährung *für mich?*« Wer sich aufmacht, diese Frage zu beantworten, kann eine fantastische Welt des vielfältigen Hochgenusses entdecken. Unzählige Möglichkeiten eröffnen sich zur Erweiterung des geschmacklichen Horizonts. Wer sein Leben auf diesem Weg bereichert, merkt oft schnell, wie die angebotenen Fertiglösungen – Konserven, Plastikschalen und Fabrikprodukte – uns unseres sinnlichen Potentials berauben. Umso mehr steigt dabei die Wertschätzung für gute, frische Lebensmittel.

Um das volle geschmackliche Potenzial zu nutzen, müssen wir unser Gemüse nicht selbst anbauen. Ein Verständnis für das Entstehen von Qualitätsunterschieden in der Erzeugung ermöglicht jedoch mündige Entscheidungen beim Einkauf. Wer den Geschmack guter Erdbeeren kennt, kann die schlechten ablehnen, sich den Frust sparen und das Portemonnaie schonen.

Auf dieser Reise zur optimalen, eigenen Ernährung, erlebt man häufig auch Enttäuschungen durch schlechte Lebensmittel oder misshandeltes Essen im Restaurant. Doch solche Rückschläge machen die wahrlich schmackhaften Ereignisse nur noch wertvoller. Das angeeignete Verständnis über die Entstehung solch köstlicher Speisen ist dabei ausschlaggebend dafür, diese Vorfälle nicht dem Glück (oder Pech) zuzuschreiben, sondern zu begreifen, dass achtsames Handeln jedes Mahl zum Festmahl machen kann.

Das Wissen ermöglicht die Wertschätzung und die Wertschätzung fördert den Genuss. Und der Genuss fördert die Gesundheit.

IV. Essen

»Essen Sie nichts, was ihre Ur-urgroßmutter nicht als
Lebensmittel erkannt hätte.«
Michael Pollan

Nicht nur was wir essen hat Einfluss auf unsere Gesundheit.
Sondern auch, wie wir essen. Das bewusste Schmecken auf
der Suche nach den besten Lebensmitteln mag ausschließen,
dass wir die Nahrung gedankenlos vor dem Fernseher oder in
der Straßenbahn herunterschlingen. Doch es geht um weitaus
mehr als die Verzehrgeschwindigkeit. Das Ritual des Essens
ist traditionell kein einsames Vergnügen, sondern wurde stets
von Gruppen, meist Familien, zelebriert. Die Relevanz dieses
Brauches ist weit mehr als nur historisch, wie Studien immer
wieder zeigen. Wer gemeinsam isst, ernährt sich gesünder. Das
gilt von Jung bis Alt: Je häufiger Menschen zusammen essen,
desto unwahrscheinlicher sind ernährungsbedingte Erkrankungen wie Über- oder auch Untergewicht. Auch die Vielfalt
der Ernährung erhöht sich durch diese soziale Interaktion. Es
ist einer der Gründe warum der Bestsellerautor Michael Pollan
rät »Essen Sie immer an einem Esstisch. Versuchen Sie, nie
allein zu essen.« Die weltweit unterschiedlichen Bräuche und
Kulturen um das Essen zeigen zwar, dass es keine festen uni-
versellen Regeln geben kann. Sehr wohl ablesen kann man
jedoch, dass gesunde Essgewohnheiten stets Ritualen ähneln.
Sich Zeit ausschließlich für das Essen zu nehmen und gemeinsam zu essen sind praktisch überall auftauchende Merkmale
traditioneller Esskulturen. So definieren uns unsere Essgewohnheiten auch über die wissenschaftlich belegbaren gesundheitlichen Vorteile hinaus.

Seinen Sinnen volle Aufmerksamkeit zu schenken, ähnelt einer Meditation. Eine Angewohnheit, die sich schnell den Weg in den übrigen Lebensalltag bahnen kann. Mangelnde Sinnlichkeit beim Essen deute auf ein ebensolches Defizit in anderen Lebensbereichen hin, glauben einige Menschen. Und der französische Gastrosoph Jean Anthelme Brillat-Savarin resümiert 1825: »Sag' mir, was du isst und ich sage dir, was du bist. Das Schicksal von Nationen hängt von der Weise ab, in der sie sich ernähren.«

Lebensmittel sind mehr als die Summe ihrer Teile und wir können mehr erfassen als nur Aussehen und Geschmack. Ihre Texturen entfalten sich auf der Zunge, zum Beispiel nehmen wir knusprige Anteile durch Gehör und Körperschall wahr und auch die Temperatur beeinflusst unsere Wahrnehmung. Hinzu kommen die Aromen, aufgenommen durch die Nase. Besonnenes Sehen, Hören, Fühlen, Schmecken und Riechen sind demnach die Voraussetzungen für vollen sinnlichen Genuss. Doch das ist nicht alles: Aus unseren Erfahrungen bilden sich Erwartungen an bestimmte Lebensmittel. Auch unsere Stimmung beeinflusst die sinnliche Wahrnehmung. Dass frisch verliebte Köche das Essen versalzen (Ursache sind veränderte Hormonspiegel und eine Erhöhung der Salzschwelle) ist nur ein berühmtes Beispiel dafür. Psyche und Emotionen haben maßgeblichen Einfluss auf unsere Sinneswahrnehmung. Auch auf diesem Wege hat die Wertschätzung eines Lebensmittels, sowie unser Wissen über seine Herkunft und Geschichte Einfluss auf den Genuss.

Je mehr wir auf die Umstände unserer Mahlzeit, die Gesellschaft, den Ort und alle Begleitumstände Acht geben, desto größer kann letztlich unsere sinnliche Befriedigung sein. Das setzt kein Silberbesteck voraus und funktioniert allein durch das Schärfen unserer Sinne auch an den bescheidensten Tafeln. Allein Achtsamkeit und Besonnenheit ermöglichen diese Effekte. Essen ist eine lebenswichtige Tätigkeit und je mehr wir es als dediziertes Ritual würdigen, desto größer ist der Nutzen, den wir aus diesem Respekt ziehen.

Die Ausgestaltung Ihres Essrituals ist Ihnen überlassen. Ein aufwändig eingedeckter Tisch besetzt mit den besten Freunden lässt sich kaum zu jeder Mahlzeit realisieren. Sinnliches Erfassen der gesamten Mahlzeit hingegen durchaus. Großmutters Mahnung, nicht zu schlingen, ist dabei nur ein erster guter Rat. Die natürlichen Variationen in Geschmack und Textur frischer Gemüse bieten viel Raum zur sinnlichen Erkundung. Richtig spannend wird es, wenn sich dazu die Schwankungen aus handwerklicher Fertigung durch einen Menschen gesellen, der seinerseits einer Tagesform unterliegt. Das sind Abenteuer, wie sie kein Fließband bieten kann. Diese Schwankungen spiegeln die Menschlichkeit des Produzenten wieder, der stets hinzulernt und sich verbessert. Natürlich kann durch Handarbeit auch mal ein weniger schönes Ergebnis auf Ihrem Teller landen. Gerade das ist Teil des Abenteuers, Vielfalt ist die Würze des Lebens.

Die Natur hat Ihnen sensible Sinne geschenkt. Machen Sie Gebrauch davon.

V. Begreifen

Mit frischen, ursprünglichen Lebensmitteln können wir viel mehr erleben und entdecken als mit Fertigprodukten. Sie ermöglichen uns vielfältigen Geschmack und große

Einflussnahme auf unseren Genuss. Statt vorgefertigter Speisen können wir in der heimischen Küche das gesamte Angebot der Natur nutzen.

So entsteht eine vielseitige und dadurch ausgewogene Ernährung. Den Anfang machen dabei nicht Nährstoffe und Listen, sondern die Lebensmittel selbst, unsere Neugier und unsere sich entwickelnde Geschmackskompetenz.

Indem wir unsere Ernährung wegbewegen von den Inhaltsstoffen der Fertigprodukte – häufig Mais, Weizen, Pflanzenfett, Salz und Zucker – entsteht auf unserem Speiseplan Platz für andere Lebensmittel, die ihre jeweiligen Nährstoffe beisteuern. Diese Ausgewogenheit bedeutet auch Balance.

Genau diese Balance spielt eine tragende Rolle beim Verständnis gesunder Ernährung. Doch bevor wir uns ihr widmen, setzen wir unser Abenteuer fort und werden selbst aktiv.

3. Jetzt anfangen

I. Der erste Schritt

Mehr gibt es nicht zu erklären, es gibt kein Geheimnis des einfachen Essens. Die Grundlagen kennen wir seit Tausenden von Jahren: Gute Zutaten mit Liebe kochen, gemeinsam essen und aufmerksam schmecken – das ist unsere Tradition. Nicht alle Traditionen sind sinnvoll oder zeitgemäß. Im Falle des Essens können wir jedoch weltweit gesundheitliche Vorteile durch diese Art der Ernährung beobachten. Ähnlich wie in der Evolution, setzt sich in der Tradition durch, was sich langfristig bewährt.

Dass diese Herangehensweise funktioniert, verdanken wir der Natur. Sie macht gesunde Ernährung einfach. Denn wenn wir unsere Lebensmittel anhand des intensivsten Aromas aussuchen, dient das nicht nur unseren Geschmacksknospen. Intensiver Geschmack deutet bei Obst und Gemüse auch auf höheren Nährstoffanteil hin. Mit anderen Worten: Je stärker das Gemüse schmeckt, desto gesünder ist es.

Deswegen braucht gesunde Ernährung kein Fachwissen. Wir müssen einfach nur aufmerksam bleiben und unserem Geschmackssinn vertrauen und wählen so ganz automatisch jene Gemüse, die auf gesunden Böden ohne synthetische Dünger wachsen. Diese sichern zugleich die bestmögliche Nährstoffversorgung unseres Körpers.

Auch den nächsten Schritt zu einfach gesunder Ernährung macht uns die Tradition vor: Kochen mit Liebe. Das kann keine Fabrik und nur die wenigsten Restaurants. Untersuchungen zeigen immer wieder, dass diejenigen Menschen sich am gesündesten ernähren, die am häufigsten selbst kochen. Was so einfach ist, dass es »jede Oma kann« ist also auch hier der beste Weg zum gesunden Essen. Denn wer selbst kocht, hat volle Kontrolle über die Zutaten. Er kann das beste Gemüse wählen, verwendet Salz, Zucker und Fett maßvoll und muss Arbeit investieren. Eben dieser Aufwand hat eine gesundheitlich vorteilhafte Nebenwirkung: Statt sich aus einer scheinbar unendlichen Quelle (billige Fertiggerichte und Snacks) bedienen zu können, hängt nun jeder Mahlzeit der Preis der Arbeit an. In der Folge sinkt der Konsum. Wer einmal Pommes Frites selbst gemacht und frittiert hat, erinnert sich gewiss an den Aufwand, den dies auch bei der Reinigung bedeutet. Und sieht davon ab, diese – wie Fast-Food-üblich – täglich zu essen.

II. Das Gleichgewicht halten

Ein weiterer Schlüssel zu einfach gesunder Ernährung ist Balance.

Dass eine ausgewogene, vielseitige Ernährung gesund sei, hören wir besonders häufig, wenn es um Süßigkeiten, Kekse und Kuchen geht. Doch was bedeutet das? Als Erläuterung folgen meist vage Hinweise auf Gemüse und Vollkornprodukte. Wohl auch diese mangelhafte Konkretisierung hat den Ruf nach ausgewogener Ernährung heute zum nahezu bedeutungslosen Mantra degradiert. Dabei ist sie tatsächlich der ultimative Grund für den weitreichenden Erfolg einiger Diätkonzepte wie Paleo, Vegan, Rohkost, LowCarb oder Mediterran.

Balance ist der Kern gesunder Ernährung. Wer sehr viel Fleisch oder Getreide isst, riskiert seine Gesundheit nicht zwingend durch diese beiden Bestandteile, sondern durch den Mangel anderer Lebensmittel wie Gemüse, Obst und Nüsse. Optimale Gesundheit erfordert vielfältige Nährstoffe.

Was also bedeutet vielseitige Ernährung? Tradition beantwortet auch diese Frage: Saisonale Abwechslung ist eine Grundvoraussetzung. Der Wechsel der Jahreszeiten ließ uns in der Vergangenheit keine Wahl, als unseren Speiseplan den verfügbaren Früchten anzupassen. Heute sind die meisten Lebensmittel ganzjährig erhältlich. Wer sich dennoch an die lokale Saison hält, belohnt seinen Körper neben der Abwechslung auch mit den jeweils frischsten Nährstoffen, weil die Ware nicht erst tagelange Transporte durchläuft.

Vielseitige Ernährung erlaubt auch mehr Abenteuer. Die Welt des Gemüses hat mehr zu bieten als Blumenkohl und Sellerie. Rote Bete, Schwarzwurzel, Grünkohl und Co laden zu ständig neuen Erlebnissen in jeder Jahreszeit ein. Auch muss nicht jede befriedigende Mahlzeit ein Stück Fleisch beinhalten. Wer an einer Stelle verzichtet, kann die Gelegenheit zum Ausprobieren einer Alternative nutzen. Wie wäre es anstelle von weißem Reis mit etwas Polenta oder Quinoa?

»Alles ist Gift, es ist Gift in allem; die Dosis macht das Gift.« – Paracelsus' Erkenntnisse führen uns die Chancen einer ausgewogenen Ernährung vor Augen. Balance ist der beste Schutz gegen ernährungsbedingte Erkrankungen. Trotzdem ernähren sich viele einseitig und schaden so langfristig ihrem Organismus. Denn der Mensch ist Omnivore und Opportunist. Seine Stärke liegt in seiner Flexibilität, auch in der Ernährung. Pflanzen-, Pilz und Tierprodukte: Nur wenige Säugetiere erfreuen sich solch eines vielfältigen Speiseplans. Diese Stärke sollten wir nutzen und fördern. Stellt sich eine Ernährung von nur Getreide, nur Fleisch, nur Obst oder nur Gemüse als unvorteilhaft heraus, muss das nicht gleich den Totalausschluss einzelner Nahrungsmittel bedeuten. Bis auf wenige Fälle genügt, lediglich eine neue Balance zu finden und diese regelmäßig auszutarieren. Dazu einige Beispiele anhand häufiger Fragen:

Ist Fleisch ungesund?

Wer viel Fleisch isst, stirbt früh, so die landläufige und durch Statistiken gestützte Meinung. Legen wir Fleisch folglich pauschal in die Schublade mit der Aufschrift *Ungesund*, lassen wir jedoch eines außer Acht: Wer viel Fleisch verzehrt, isst dafür etwas anderes nicht. Stillt man seinen Energiebedarf vornehmlich durch Tierprodukte, führt man sich zugleich wenig Pflanzenprodukte und deren Mikronährstoffe zu. Es gibt bis heute für die vielzitierte Schädlichkeit von Fleisch keinen Beweis nach dem Prinzip von Ursache und Wirkung. Jedoch wissen wir um den Nährstoffbedarf des Menschen. Und wenn wir diesen nicht decken, erkrankt der Organismus. Die schlechte Statistik für Fleischesser können wir daher mindestens auch auf den Gemüsemangel zurückführen: Viel Fleisch ist nicht zwingend ungesund aufgrund des Fleisches, sondern möglicherweise aufgrund des Mangels an Pflanzenstoffen.

Ist Getreide ungesund?

Morgens Brot, mittags Nudeln, abends Pizza: Wer solch eine getreidelastige Ernährung hinter sich lässt, isst meist mehr Gemüse, Obst und Fett, denn irgendwoher muss die Energie kommen. Dementsprechend steigt die Vielfalt in der

Ernährung und damit die Nährstoffversorgung. Der Gesundheitszustand mag sich durch die Ernährungsumstellung also bessern. Doch liegt dies am Getreideverzicht, dem reduzierten Kohlenhydratkonsum oder schlicht an der besseren Nährstoffversorgung durch mehr Gemüse? Von Einzelfällen abgesehen lässt sich das gleiche Ergebnis auch ohne Totalverzicht und mit gelegentlichem Getreidekonsum erreichen. Eben durch eine balancierte, eine ausgewogene Ernährung.

Sind Kohlenhydrate ungesund?

Brot, Nudeln, Kartoffeln, Kuchen, Pizza, Schokoriegel, Soße, Limonade, Kaffee mit Zucker – damit ließe sich der Speiseplan vieler Menschen erschöpfend beschreiben. Sie leben an einem extremen Rand der Ernährung mit vielen Kohlenhydraten, häufig stellt sich Übergewicht ein. Verzichtet so jemand auf Kohlenhydrate, nimmt er rasend schnell ab. Schuld sind allerdings auch hier nicht die Kohlenhydrate, sondern ihre Menge. Müssen Brot, Kartoffeln und Schokolade für immer vom Speiseplan verschwinden, um schlank zu bleiben? Natürlich nicht. Doch dazwischen sollten auch reichlich Brokkoli, Tomaten, Pilze und Möhren Platz finden. Eine Balance zwischen HighCarb und LowCarb.

Ist gekochtes Essen schädlich?

Auch der Rohköstler kommt häufig aus einer Umgebung, in der er sich überwiegend von Fast Food und stark verarbeiteten Produkten ernährt hat. Jede Umstellung, jeder Schritt weg von industriellen Fertigprodukten hin zu sorgfältiger Ernährung ist dann ein Fortschritt für die Gesundheit. Der Erfolg liegt nicht in der Rohkost per se, sondern auch hier in der besseren Nährstoffversorgung, welche sich auch anders realisieren lässt (z.B. durch Paleo, Vegan oder LowCarb).

IST FAST FOOD UNGESUND?

Bei Fertiggerichten steht der Preis im Fokus, dementsprechend handelt es sich oft um minderwertige und nicht selten schadstoffbelastete Zutaten. Wer sich bewusst ernährt und Fertigprodukte und Fast Food meidet, muss zwangsläufig etwas anderes essen. Er isst im Idealfall mehr frisches Gemüse, versorgt sich auf diese Weise besser mit Nährstoffen und drosselt dadurch meist auch die Schadstoffzufuhr. Auch verzehrt er in der Regel weniger der von der Industrie zur Appetitsteuerung eingesetzten Zutaten Salz, Zucker und Fett. In der Folge isst er insgesamt weniger und nimmt vermutlich ab. Der Verzicht auf Fast Food ist vorteilhaft. Doch der Mensch ist ein sehr robustes Tier und ein gelegentlicher Griff zu Fast Food (nicht täglich, nicht wöchentlich) sollte seinem Organismus nicht nachhaltig schaden. Auch hier gilt das Prinzip der Balance, wenngleich der Totalverzicht auf Fast Food gesundheitlich sicherlich uneingeschränkt vorteilhaft ist.

WIE FINDE ICH MEINE BALANCE?

Nur eine ausgewogene, vielseitige Ernährung bringt genau die Balance, die unserem Körper Höchstleistungen ermöglicht.

Extreme an allen Seiten (niemals Gemüse, niemals Obst, niemals Tierprodukte, niemals Getreide) erweisen sich meist als Sackgasse und unnötige Hürde auf dem Weg zur optimalen Ernährung. Bleiben Sie offen für Änderungen Ihrer Bedürfnisse und ihres Geschmacks. Unangenehme Kindheitserinnerungen an Möhren oder Spinat müssen und sollten diese Lebensmittel nicht für den Rest des Lebens vom Teller verdrängen. Probieren Sie viel aus und kombinieren Sie Zutaten unterschiedlich. Balance ist ein fortlaufendes Experiment, bestimmt allein durch Sie und Ihre Ansprüche.

Unser Organismus verändert sich im Verlaufe des Lebens und damit auch der Nährstoffbedarf und die Nährstoffverwertung. Das Essen, das wir als Jugendliche bestens vertragen, kann uns im 60. Lebensjahr Schwierigkeiten bereiten. Darüber hinaus sind Menschen verschieden hinsichtlich ihrer Ansprüche, Genetik und Darmflora. Eine einzige Lösung für alle gibt es daher nicht.

Meiden Sie Extreme sowohl beim Verzehr als auch beim Verzicht. Denken Sie neben dem Körper auch an den geistigen und seelischen Effekt der Nahrung.

III. Jeder kann kochen

Jeder kann kochen. Lassen Sie sich nicht vom Fernsehen oder Institutionen wie Schulen oder Verbänden erzählen, das Kochen sei eine große Herausforderung und erfordere eine schwierige Ausbildung und Zertifikate. Die Medien porträtieren Köche und Gastrokritiker als Helden und Weise im Kampf um die Tempel des guten Geschmacks: Restaurants. Derweil bekämpfen Menschen sich im Fernsehen vor wachsenden Zuschauerzahlen in der Küche. Dieses einschüchternde Bild der Küchenarbeit vermittelt, Kochen sei schwierig, mühselig und riskant. Doch das sind Legenden und Hirngespinste. Köche und Restaurants, Kochbücher und Kritiker sind nicht das Maß des Kochens, sondern sie repräsentieren nur einen sehr speziellen, kleinen Bruchteil der Welt des Kochens. Die meisten Restaurants müssen Gewinn erzielen und dabei täglich viele Menschen mit verschiedenen Gerichten bedienen. Das ist eine völlig andere Situation als im Haushalt, wo sich Menschen noch immer am häufigsten ernähren. Genau dort findet der Großteil des Kochens statt. Und genau dieses Kochen in der heimischen Küche ist das eigentliche Kochen.

Das Kochen zu Hause unterliegt nicht dem Urteil eines Kritikers oder Moderators, sondern nur Ihrem eigenen Geschmack und eventuell dem ihrer Familie. Sie haben es vielleicht direkt von Ihren Eltern oder Großeltern gelernt (viele Kinder zeigen ganz von selbst Interesse und Freude daran, ihren Eltern in der Küche zu helfen). Möglicherweise haben Sie es auch anderswo abgeschaut oder angelesen in Büchern, welche vorangegangene Generationen geschrieben haben.

Kochen hat nichts zu tun mit einer Arena, einem Kampf gegeneinander oder gegen die Zeit. Die Nachricht des Fernsehens ist: »Kochen ist anspannend, anstrengend und endet wahrscheinlich im Versagen. Liebe Zuschauer, macht das besser nicht zu Hause.« Doch nichts ist der Wahrheit ferner. Als traurige Ironie dieser Programme schauen immer mehr Menschen am Fernseher anderen Menschen beim Kochen zu, während sie selbst Fertiggerichte vom Lieferdienst verspeisen. Stattdessen könnten Sie selbst in der Küche stehen und ein befriedigendes, gesundes Mahl zubereiten.

Auch Kochbücher repräsentieren nicht das eigentliche Kochen. Besonders die modernen Produktionen glänzen mit aufwändigen Fotos und wortgewaltigen Titeln. Angekommen in der Realität der heimischen Küche schlafen viele dieser ehemals strahlenden Bücher sofort ein. Exotische Zutaten, nicht verfügbare Geräte, schlechte Beschreibungen oder mehrstündige Vorbereitungen verhindern, dass die auf Traumfotos appetitlich arrangierten Speisen sich so jemals auf dem eigenen Teller wiederfinden. Und überwindet doch jemand all diese Hürden, so schmeckt das Ergebnis leider oft enttäuschend dürftig.

Die Medien stellen die visuelle Zelebration in den Mittelpunkt des Kochens: Nahaufnahmen, aufwändige Hintergründe und teure Gesamtkonzepte haben die Illustrationen und rein demonstrativen Fotos der Vergangenheit verdrängt. Als Essenspornografie kritisiert Carlo Petrini, Gründer der Slow-Food-Bewegung, diese Entwicklung. Wir schauen zu, aber machen es nicht selbst. Und verlieren dabei den Kontakt zu unseren Wurzeln.

Kochen mache uns menschlich, argumentieren einige Wissenschaftler und Autoren. Es ist eine der definierenden Fähigkeiten unserer Spezies. Sicherlich haben wir gekocht, bevor es Fernseher und Kochbücher gab und auch vor der Eröffnung des ersten Restaurants. Ziel des Kochens war zunächst allein die Ernährung, wozu mindestens als Mittel zur Wahl der besten Lebensmittel immer auch guter Geschmack gehörte. Menschen in aller Welt kochten und aßen gemeinsam. Traditionell sind es meist Großmütter und Mütter, die für ihre Familien kochen und sie ernähren und – nach Kräften – mit höchstem Genuss verzaubern.

Das ist das echte Kochen. Es ist das Kochen, das Eltern an

ihre Kinder weitergeben und so bewahren und stetig weiterentwickeln. Es ist eine Quelle der Tradition, es definiert uns kulturell. Es ist das tägliche Kochen; das Kochen, das unsere Zivilisation aufgebaut hat. Es ist das einfache Kochen, das jeden Tag Menschen sättigt und das Überleben sichert. Kochen ist einfach. Es ist kein Wettkampf, es braucht kein Diplom, keine Institution. Jeder kann kochen. Jeder darf kochen.

Sie fragen sich vielleicht, wo Kochen anfängt. Genügt es schon, einfach zwei verschiedene Zutaten, etwa eine fertige Salatmischung mit einem abgepackten Salatdressing, zu mischen? Statt dieser akademischen Frage nachzugehen, werfen wir einfach einen Blick in eine Vergangenheit, in der unsere Kochtradition noch stark verbreitet war. Bis vor rund 100 Jahren gab es kaum Fertigprodukte. Erst im Zuge der Industrialisierung und durch die technische Entwicklung während der Weltkriege zur Versorgung der Soldaten änderte sich dies. Die Verarbeitung von Lebensmitteln zeigte sich für die Industrie erheblich profitabler als die Erzeugung. Seit Mitte des 20. Jahrhunderts füllen immer mehr sogenannte Convenience-Produkte, Fertiggerichte und helfende Pülverchen die Lebensmittelregale und das Essen nahm zusehends Züge von Feldrationen an. So drängte sich die Lebensmittelindustrie mit dem Versprechen von mehr Freizeit (hatten wir vorher zu wenig?) und der Befreiung der Frauen in die Küchen. Viele Frauen zu jener Zeit zogen allerdings eine klare Linie: Anders als die übrige Hausarbeit mochten nicht wenige das Kochen als kreative Tätigkeit. Diese Ambivalenz geriet unter die Räder der Werbebotschaften, die im Fahrwasser des Feminismus dazu ermutigten, unangenehme Gespräche über Arbeitsteilung einfach zu meiden und das Kochen ganz der Industrie zu überlassen. Deren Werbung richtete sich dennoch weiter überwiegend an Hausfrauen.

In Urgroßmutters Küche hätten wir demnach das eigentliche Kochen noch entdecken können: Das Kochen aus sorgfältig ausgesuchten und selbst geschnittenen Zutaten, mal rudimentär, mal ausgeklügelt, jedoch immer mit einer zentralen Zutat: Liebe. Dies weiterzutragen liegt in unser aller Macht und Verantwortung.

Wenn Sie eigentlich gerne kochen würden, aber den Aufwand fürchten, denken Sie nicht an den Zeitaufwand oder die Häufigkeit. Sie müssen keine Karriere als Profikoch beginnen, sondern kochen nur ein Gericht. Ein einziges. Sie müssen nicht mit drei Mahlzeiten täglich beginnen. Wie sieht es am nächsten verregneten Sonntag aus? Sie können gelangweilt vor dem Fernseher sitzen. Oder Sie können mit angeregten Sinnen in der Küche Aromen erkunden und sich und Ihren Mitmenschen dabei etwas Gutes tun. Es ist Ihre Wahl.

IV. Keine Sorge

Machen Sie sich weniger Sorgen.

Die vielen konkreten Tipps und Pläne für gesunde Ernährung und die pauschalen Warnungen vor einzelnen Lebensmitteln verunsichern viele Menschen. Nicht selten klammern sie sich aus Angst vor diesen Warnungen an jeden konkreten Hinweis und befolgen alles minutiös, wechseln dabei anscheinend monatlich die Diät. Daraus entwickeln sich immer häufiger Essstörungen, wovor Menschen sich abermals fürchten. Solche Sorgen und Ängste soll Ihnen dieses Buch nehmen. Ein wenig Vorsicht, nennen wir es Sorgfalt, ist immer angebracht. Doch Angst vor dem Essen ist nicht nötig.

Einzig relevant scheint letztlich, ob Sie gesund und möglichst auch glücklich sind. Eine Abweichung von der Norm kann nicht von Bedeutung sein, wenn niemand dadurch Schaden erleidet. Man kann dick und gesund und glücklich sein. Und bei aller Nähe zwischen Leidenschaft und Besessenheit kann man auch jeden Tag stundenlang über Essen nachdenken, ohne krank zu sein – für Köche ist das Berufsalltag.

Die klinische Psychologin Wendy Mogel warnt davor, die Ernährung unserer Kinder zu eifrig zu überwachen. Auch die Kategorisierung von Lebensmitteln über gesund und ungesund hinaus als moralisch gut oder schlecht sieht sie kritisch. Dies mache Menschen allein durch ihre Ernährungsentscheidung gut oder böse; so wird die Ernährung zur Ersatzreligion.

Stellen wir uns ein paar Fragen, um unsere Perspektive auf die eigene Ernährung zu prüfen und gegebenenfalls zu korrigieren:

- Erschwere ich mein Leben durch meine Ernährungsentscheidungen?
- Isoliere ich mich durch meine Ernährungsgewohnheiten sozial?
- Habe ich Schuldgefühle, wenn ich von meiner geplanten Ernährung abweiche?
- Glaube ich, dass gesundes Essen mich zu einem besseren Menschen macht?
- Bereiten meine Gedanken an Essen mir Sorgen?
- Glaube ich, alles unter Kontrolle zu haben, wenn ich meinem Plan entsprechend esse?
- Esse ich oft alleine?

Wie genau die Antworten zu deuten sind, ist nicht eindeutig geklärt. Muss es auch nicht: Allein die Fragen genügen häufig, entsprechende Denkprozesse anzustoßen. Sie sind kein sicheres Mittel zur Diagnose, können jedoch vielen Menschen helfen, frühzeitig ihren Ernährungsentscheidungen den richtigen Platz im Leben zuzuweisen. Es läuft hinaus auf eine zentrale Frage: Genieße ich mein Essen in vollem Umfang als Teil meines Lebens?

V. Warum das funktioniert

Aufmerksam mit allen Sinnen genießen, abwechslungsreich essen und selbst kochen – das soll genügen, um einfach gesund zu leben? Wie kann das funktionieren? Ist das nicht zu einfach?

Tatsächlich ist dies bereits die Basis der erfolgreichsten Diäten. Nur wer sich aktiv mit seiner Ernährung beschäftigt, kann überhaupt mündige Entscheidungen treffen und die gewünschten Fortschritte machen. Wie diese im Detail aussehen, ist zweitrangig. Mit Fleisch oder ohne, mit Getreide oder ohne sind Fragen, die vom Individuum und dessen Ansprüchen abhängen. Wer aufmerksam und bedacht handelt, findet seinen eigenen, optimalen Weg am schnellsten selbst.

Davon abgesehen ist der aufmerksame Einsatz unserer Sinne keine triviale Aufgabe. Angesichts der vielen Eindrücke, die täglich auf uns wirken, ist unsere Aufmerksamkeit zu einem kostbaren Gut geworden. Widmen wir sie unserem Essen, ist das eine wertvolle Investition.

Denn optimalerweise wird Ihr Geschmackssinn dann neugierig und sucht neue Aromen. Diesem Wunsch nach Abwechslung können Sie dann ganz natürlich durch den Einkauf noch bunteren Gemüses nachkommen.

Abwechslung ist essenziell nicht nur für genussvolle, sondern auch für gesunde Ernährung. Eine Balance vieler Nährstoffe beruht auf Vielfalt, wie sie uns nur die Welt des Gemüses bescheren kann.

Gemüse. Das ist der Schlüssel zu gesunder Ernährung. Dürfte ich genau eine konkrete Empfehlung zum Essen geben, würde sie folgendermaßen lauten:

»Gesunde Ernährung fängt mit einem großen Haufen Gemüse an.«

Wenn Sie abwechslungsreiches Gemüse zum Zentrum Ihrer Mahlzeiten machen, meiden Sie automatisch die problematischeren Lebensmittel. Gelegentlich ein wenig Fleisch oder Fisch als Beilage zum Gemüse fällt dann kaum ins Gewicht. Das gleiche gilt für Brot oder Pasta. Ein wenig Kuchen als Dessert stellt kaum ein Problem dar, wenn Sie sich *vorher* an Gemüse satt essen. Stärkehaltige Beilagen wie Kartoffeln oder Polenta werden Ihnen in viel kleineren (und meist angemesseneren) Mengen genügen, wenn Sie sich den Teller zuvor mit reichlich köstlichem Gemüse füllen.

Natürlich haben Ihre Entscheidungen für oder gegen bestimmte Lebensmittel auch direkten Einfluss auf ihre Gesundheit und ihre Figur. Doch wenn Sie einfach essen wollen, ist es wichtig, diesen nicht zum alleinigen Ausgangspunkt ihres Entscheidungsprozesses zu machen. Erinnern Sie sich daran: Die Ernährung muss für Sie funktionieren, nicht umgekehrt. Deswegen finden Sie in diesem Buch keine Details über die dickmachende Wirkung von Kohlenhydraten, die Appetitzügelung durch Eiweiße und Fett oder verrückte Dinge wie optimale Nährstoffverhältnisse. Zuerst sollte das Essen für Sie einfach sein, natürlich und selbstverständlich.

Bei der Ernährung sind die Dinge, die Sie essen, genauso wichtig wie die Dinge, die Sie nicht essen. Indem Sie als erstes viel Gemüse essen, bekommen Sie eine köstliche Mahlzeit und viele wertvolle Nährstoffe. Dann sind sie satt und laufen nicht mehr Gefahr, sich zu viele stärkehaltige Lebensmittel wie Kartoffeln, Nudeln und Brot einzuverleiben. Auch über den Fleischverzehr müssen Sie sich kaum Gedanken machen, wenn Sie zuerst viel Gemüse essen.

Wenn Sie selbst kochen, haben Sie die Kontrolle über die verwendeten Salz-, Zucker und Fettmengen. So können Sie gezielt weniger Fett oder weniger zucker- und stärkehaltig essen. Weniger Zucker zu essen ist für die meisten Menschen bereits der Schlüssel zu einer erheblich gesünderen Ernährung. Ähnliches gilt für Ihren Einfluss auf Qualität und Menge des verwandten Fettes.

Diese Zutaten müssen Sie nicht zählen oder messen, um die Vorteile zu genießen. Es genügt, sie bewusst einzusetzen. Denken Sie im Zweifel einfach daran, dass Zucker und Stärke im Übermaß schon seit Ur-ur-urgroßvaters Zeiten als Dickmacher gelten. Das sind Lehren aus der Tradition: Zu viel Zucker macht dick. Zu viel Stärke macht dick. Und dann reduzieren Sie beim Kochen und Essen einfach die entsprechenden Mengen. Selbst zu kochen ist statistisch gesehen die beste Vorbeugung gegen ernährungsbedingte Erkrankungen und Übergewicht.

Gemüse ist die geheime Zutat der erfolgreichsten Diätkonzepte. Was ist der Effekt einer veganen oder vegetarischen Ernährung? Man isst mehr Gemüse. Was ist der Effekt der Steinzeiternährung (*Paleo-Diät*)? Man isst weniger Fertigprodukte und Getreide und stattdessen mehr Gemüse. Was ist der Effekt der Rohkosternährung? Man isst weniger Fertiggerichte und meist mehr Gemüse. Was ist der Effekt der LowCarb-Ernährung? Man isst weniger zucker- und stärkehaltig. Zur Auswahl bleibt meist mehr Gemüse.

Dieses einfache Essen kann auch deswegen langfristig (also nachhaltig) so gut funktionieren, weil es kostengünstig ist. Gemüse gehört zu den günstigsten Lebensmitteln und es ist beachtlich, wie viel Genuss und Lebenskraft man für so wenig Geld bekommen kann.

Neben meinen bereits genannten Ratschlägen gibt es nur wenige andere Empfehlungen, die ich für ein gesundes Leben aussprechen würde. Zwei weitere wären:

»Trinken Sie nichts Süßes, am besten nur Wasser und Tee.«

Und:

»Bewegen Sie sich so viel wie möglich und finden Sie Spaß daran, ihren Körper zu nutzen.«

VI. Zusammenfassung: Einfach essen

- Finden Sie Freude am achtsamen Essen, genießen Sie mit vollem Bewusstsein und schmecken Sie, als wäre es das letzte Mahl Ihres Lebens.
- Lassen Sie sich auf das Kochen ein und bereiten Sie Ihr Essen möglichst oft selbst zu. Experimentieren Sie furchtlos.
- Entdecken Sie die wundervolle Welt des köstlichen Gemüses und ernähren Sie sich für eine ausgewogene Ernährung überwiegend davon.
- Machen Sie sich weniger Sorgen und behalten Sie die Freude und Leichtigkeit beim Essen. Essen Sie möglichst nicht allein.

- Trinken Sie nichts Süßes, am besten nur Wasser und Tee.
- Bewegen Sie sich so viel wie möglich und finden Sie Spaß daran, ihren Körper zu nutzen.
- Übernehmen Sie die Verantwortung für Ihr Essen. Nur Sie selbst können herausfinden, was das Beste für Sie ist.

4. Zeit zu wählen

»Man kann alles haben. Nur nicht alles auf einmal.«
Oprah Winfrey

»Man sagt immer, die Zeit verändere Dinge. Dabei muss
man sie selbst verändern.«
Andy Warhol

Die in diesem Buch beschriebene Herangehensweise mag
zeitaufwändig klingen. Es ist gut möglich, dass das bewusste
Schmecken, das genüssliche Kochen, die sorgfältige Auswahl
der Lebensmittel, das gemeinsame Essen und die Bewegung
mehr Zeit kosten, als sie derzeit für ihre Ernährung aufwenden.

Es ist eine einfache Rechnung: Wir alle haben täglich 24
Stunden zur Verfügung. Wie wir diese einsetzen, hängt von
unseren Prioritäten ab. Wir können sie überwiegend mit Er-
werbsarbeit füllen und Geld verdienen und dieses später für
Krankheitskosten ausgeben. Wir können Zeit passiv vor dem
Fernseher verbringen und kränklich und unglücklich werden.
Oder wir können ein aktives und selbstbestimmtes Leben
führen und ein gesundes Dasein genießen. Nichts davon
schließt sich übrigens gegenseitig aus. Es verdeutlicht nur, dass
alles seinen Preis hat. Doch selten ist die Wahl so einfach wie
jene, ob man sein Geld lieber dem Apotheker oder dem Gemüsehändler gibt.

Das Zusammensein in der Küche, einst Mittelpunkt des Fa-
milienlebens, bietet unzählige Vorteile. Kochen Sie gemeinsam
mit Ihren Kindern, und sei es nur die einfachste Mahlzeit, dann

lernen diese die Küchenarbeit als etwas Natürliches und Erfreuliches kennen. Sie gewinnen Wertschätzung für eine Tätigkeit, für die man sich jeden Tag ein wenig Zeit nehmen kann und aus der man großen Nutzen für sein ganzes Leben zieht.

Nicht nur Ihre Ernährung, sondern Ihr gesamter Lebensstil erfordert eine Balance. Diese zu finden, liegt allein bei Ihnen selbst. Ich kann nicht mehr tun, als Sie zu ermutigen, diese Entscheidung aktiv und bewusst zu treffen. Die hier beschriebene Ernährungsumstellung ist einfach. Sie kostet nicht viel Geld – tatsächlich kann sie im Vergleich zu anderen Herangehensweisen Geld sparen. Ihr einziger Preis ist ein wenig Zeit, weil Sie Ihrem Essen vielleicht etwas mehr Aufmerksamkeit widmen als zuvor.

Beschäftigen Sie sich mit dem Essen. Die Gesundheit ist Ihr höchstes Gut. Kann man dafür zu viel Zeit oder Geld investieren? Ist es wirklich so schlimm, ein paar Cent mehr für die bessere Paprika auszugeben? Ist es nicht befriedigender, ein paar Minuten länger in der Küche zu stehen und etwas Leckeres zu kochen als abends in der gleichen Zeit am Fernseher zu versacken?

Investieren Sie die Zeit. Stecken Sie ein wenig Ihrer 24 Stunden in aufrichtiges Interesse an ihren Lebensmitteln. Sie können viel gewinnen: Genuss, Gesundheit, Begeisterung, Befriedigung.

Jede investierte Sekunde bedeutet Liebe. Und was Sie zu lieben lernen, werden Sie behüten.

Zeit ist Liebe. Liebe ist Wertschätzung.

Je mehr Zeit sie investieren, desto mehr werden Sie es lieben.

5. Häufige Fragen

Muss ich auf meine Kalorienbilanz achten?

Wenn man Kalorien *(kcal)* zählt und kontrolliert, um sein Körpergewicht zu beeinflussen ist das, als nähme man einen Hammer, um eine Schraube einzudrehen: Es funktioniert, aber es ist unpräzise und hält nicht lange.

Richtig ist: Wenn man mehr isst als der Körper verbraucht, nimmt man zu. Das ist die einfache Aussage der Kalorienbilanz, die auf den Gesetzen der Thermodynamik fußt. Als Formel ausgedrückt lautet die Kalorienbilanz:

Kalorienbedarf – Kalorienzufuhr = Änderung Körpergewicht

Beispiel: Wer 3000 kcal benötigt, jedoch nur 2500 kcal isst, verliert 500 kcal. Umgerechnet in Fett entspricht dies 56 g (1 g Fett entspricht 9 kcal)

Die Kalorienbilanz stellt einen vereinfachten Zusammenhang zwischen Nahrungsaufnahme, Verbrauch und Körpergewicht her. Das Körpergewicht ließe sich demnach einfach kontrollieren. Doch das ist ein Irrtum. Denn der Mensch ist keine einfache Maschine. Sein genauer Energiebedarf ist unbe-kannt und variabel, wir können ihn nur schätzen. Das gleiche gilt für den Energiegehalt der zugeführten Lebensmittel, welcher natürlichen Schwankungen unterliegt. Auch die tatsächliche Verwertung dieser Nahrung durch den Darm variiert.

Letztlich ist auch die Energiespeicherung selbst variabel. Ihre Position am Ende der Formel deutet irreführend auf eine einfache Differenz oder Summe der vorangegangenen Werte. Tatsächlich richtet sie sich jedoch nach dem Niveau des Stoffwechsels, nach der Art der zugeführten Kalorien (Kohlenhydrate oder Fett oder Eiweiß), nach Hormonspiegeln und mehr.

Der Körper reagiert auf Energiemangel durch Sparmaßnahmen. Dies beginnt oft mit Schlappheit und einer Senkung der Körpertemperatur. Schon dadurch sinkt der Energiebedarf. Langfristig baut er Fett, Muskeln und Knochensubstanz ab, er wird sich weniger bewegen, frieren und wahrscheinlich auch psychologisch beeinträchtigt.

Einen Kalorienüberschuss hingegen speichert der Körper nicht zwingend sofort. Stattdessen kann er den Bewegungsdrang oder die Körpertemperatur erhöhen (durch *Thermogenese*). So jemand bewegt sich dann vielleicht mehr oder ihm wird wärmer und er lässt nachts ein Bein unter der Bettdecke hervorschauen und baut so Energie ab. Langfristig legt so ein Körper bei Bewegungsmangel auch Fettspeicher an. Er wird es in der Regel wärmer haben und psychologisch belastbarer sein. Verantwortlich für diese automatischen Anpassungen ist die *Homöostase*. Der Körper nutzt sein Hormonsystem zum Erhalt seines Gleichgewichts.

Die Variablen der Kalorienbilanz sind also voneinander abhängig und mit weiteren Faktoren verknüpft. Einige dieser Variablen sind unbekannt. Was bedeutet das? Die Gleichung, mit der unzählige Menschen ihr Gewicht zu kontrollieren versuchen, kann keine klare Antwort geben. Welchen Wert kann diese Methode besitzen?

Viele Menschen verwenden dennoch das Kalorienzählen

ein Leben lang erfolgreich als Abnehmstrategie. Dem gegenüber stehen Millionen Menschen, für die es nicht funktioniert, egal wie viel sie hungern. Diese Ambivalenz zeigt, dass die vermeintlich einfache Kalorienbilanz eben nicht einfach ist. Die erfolgreichen Fälle lassen sich durch oft zufällige Nebenfaktoren (Lebensstil und Qualität der Nahrung) erklären.

Die Gesetze der Thermodynamik stimmen nach aktuellem Stand der Wissenschaft. Auch die Kalorienbilanztheorie stimmt. Wer mehr Energie zu sich nimmt, als er verbraucht, wird zunehmen. Doch zur Steuerung des Körpergewichts ist die Kalorienbilanz ein primitives, umständliches Werkzeug.

Wer die Homöostase seines Körpers unterstützen bzw. in ihrer Arbeit möglichst wenig beeinträchtigen möchte, sollte sich gesund ernähren und sich ausreichend bewegen. Nicht zugunsten des Energiehaushaltes, sondern für einen gesunden Hormonhaushalt.

Deswegen hat die Qualität größeren Einfluss als die Quantität: Die Art der Kalorien ist wichtiger als ihre Menge. Wenn Sie achtsam essen, selbst kochen, sich vielseitig ernähren und Gemüse in den Mittelpunkt ihres Tellers setzen, tragen sie dafür bereits Sorge.

IST FLEISCH GESUND?
WIE VIEL FLEISCH SOLLTE MAN ESSEN?

Statistiken geben zwar Hinweise darauf, der Konsum von Fleisch könne ungesund sein. Jedoch gibt es keinen Nachweis nach dem Prinzip von Ursache und Wirkung. Daher können wir nur sagen: Fleisch ist nicht per se ungesund.

Durchaus nachweisbar sind die qualitativen Unterschiede zwischen Fleisch aus industrieller Intensivtierhaltung (sogenannte Massentierhaltung) und Fleisch aus artgerechter bzw. tiergerechter Haltung. Es handelt sich um zwei verschiedene Produkte. Tendenziell verursacht ersteres, das Fleisch aus der Massentierhaltung, Probleme. Es schadet nicht nur der Umwelt und richtet viel Leid an. Auch setzt es sich anders zusammen als das Fleisch von Tieren, die ihrer Art gerecht gesund und glücklich gelebt haben. Durch die Kraftfuttermast bilden sich die Anteile der für den Menschen vorteilhaften Konjugierten Linolsäuren *(CLA)* und Omega-3-Fettsäuren zurück. Es enthält häufig Antibiotikarückstände und es hat einen größeren Wasseranteil, schrumpft also in der Pfanne stärker zusammen als das Fleisch aus reiner Weidehaltung. Fleisch aus Massentierhaltung ist ein minderwertiges Produkt. Wem das eigene Wohlergehen neben dem Wohlergehen der Tiere und Ökosysteme am Herzen liegt, sollte darauf verzichten.

Wo findet man Fleisch aus artgerechter Haltung? Rinder sind Wiederkäuer. Ihr natürliches Verhalten ist die Bewegung durch die Landschaft in Gruppen. Dabei fressen sie verschiedene Gräser und Kräuter und verteilen ihren Dung gleichmäßig, welcher als natürlicher Dünger der Landschaftspflege dient. Das sogenannte *intensive Weidemanagement* ist eine Tierhaltungsmethode, die genau dies ermöglicht. Landwirte setzen sie ein, um den Tieren ein natürliches Leben im Einklang mit dem Ökosystem zu ermöglichen. So vermeiden sie die durch Massentierhaltung verursachten Probleme wie schlechtere Fleischqualität, Umweltbelastung durch CO_2-Emission, lokal hohe Dungkonzentration und mehr sowie Krankheiten und Antibiotikaeinsatz. Die *einfache Weidehaltung* ist ein anderes, weniger effizientes, aber ähnlich effektives System. Beide können die Voraussetzungen eines artgerechten Lebens für Hausrinder erfüllen. Eine entsprechende Schlachtung vorausgesetzt, resultiert daraus Fleisch, welches bei mäßigem Verzehr Teil einer gesunden Ernährung sein kann. In ähnlicher Weise erfüllt Wildfleisch diese Voraussetzung.

Solches Fleisch muss nicht teuer sein; wohl aber trägt es ein mindestens realistisches Preisschild. Im Supermarkt finden wir Fantasiepreise für Fleisch. Sie basieren auf staatlichen Subventionen, welche wir auf anderem Wege durch Steuergelder finanzieren. Und sie basieren auf der Externalisierung von Kosten: Hersteller wälzen kosten durch Umweltbeschädigungen, schlechte Arbeitsbedingungen und zusätzliche Belastungen der Krankenkassen auf die Gesellschaft ab. Das im Supermarkt vermeintlich so billige Fleisch kostet demnach nicht weniger als das Fleisch aus Weidehaltung – womöglich ist es sogar erheblich teurer.

In jedem Falle gilt die Empfehlung: Lieber besseres, dafür weniger Fleisch essen. Ein Hinweis auf die regionale Herkunft eines Tierprodukts ist kein Qualitätsmerkmal. Auch direkt in Ihrer Region kann eine Intensivmastanlage stehen.

Wenn Sie absolut sicher sein wollen, das richtige Fleisch zu kaufen, führt kein Weg an einer eigenen Prüfung vorbei. Weidefleisch-Anbieter vermarkten in der Regel direkt. Sie finden sie durch Zeitungen oder das Internet[1]. Kontaktieren Sie solche Anbieter und lassen Sie sich die Tierhaltung zeigen. Lernen Sie den Menschen kennen, der ihr Essen produziert. Indem

---

1 Weitere Anlaufstellen: http://urgck.de/quellenforum und http://urgck.de/adressen

Sie den Mund für seine Produkte öffnen, gehen Sie eine intime Beziehung ein. Da ist es nur angebracht, sich persönlich kennenzulernen.

Muss ich Bio-Ware kaufen, um gesund zu essen?

Nein. Aufkleber wie *Bio* oder *Regional* sind keine Garanten für hochwertiges Fleisch. Die verschiedenen Bio-Label deuten lediglich auf die Erfüllung von Mindeststandards auf dem Papier hin. Trägt ein Produkt kein Bio-Siegel, kann es dennoch aus ökologischer Landwirtschaft stammen und diese Standards erfüllen oder sogar weit übertreffen. Ein Beispiel könnten die Tomaten aus Nachbars Garten sein.

Gleichzeitig sind die Bio-Richtlinien ein Kompromiss und sie dienen der Industrie, welche ihrerseits nach Gewinnmaximierung strebt. Zum Erhalt des Bio-Siegels wird ein Produzent bis auf wenige Ausnahmen nur das absolute Minimum dieser Voraussetzungen erfüllen. Dabei stehen wieder nicht die Ökologie oder das Wohl von Pflanzen, Tieren und Ökosystemen im Vordergrund, sondern der monetäre Gewinn.

Richtig ist auch, dass das Bio-Siegel eine einfache Möglichkeit ist, wenigstens eine bestimmte Schadstofffreiheit zu erreichen. Wer wenig Zeit hat, greift am besten zu Bio-Ware. Die optimale Lösung wäre sicherlich, den Erzeuger und dessen Überzeugung direkt kennenzulernen.

Eine weitere Lösung sind Landwirtschaftsgemeinschaftshöfe, auch bekannt als solidarische Landwirtschaft. Bei diesem Modell beteiligen Sie sich meist finanziell direkt an der Erzeugung und bekommen im Gegenzug einen festen Anteil der Ernte. So wirken Sie mit an der Entstehung ökologisch und transparent arbeitender Höfe und Gemeinden und können obendrein Gleichgesinnte kennenlernen. Es ist eine gute Lösung, ein organischer Teil des Ökosystems und der sozialen Gemeinschaft zu werden[2].

Muss ich Sport treiben, um gesund zu bleiben?

Sport ist nicht nötig, Bewegung hingegen unabdingbar. Bewegung ist die Voraussetzung für ein gesundes Leben. Der Mensch ist wie jedes Tier für Bewegung gemacht, sie ist Teil seiner Natur. Bewegt man sich nicht, verkümmern die Muskeln, das Hormonsystem leidet, man wird steif, schwach und krank.

Zugleich ist Bewegung sehr einfach. Anders als beim organisierten Sport benötigen wir dafür keinen Verein, keine Geräte, keine anderen Menschen. Wir verfügen von Geburt an über alles Nötige: unseren Körper. Wir können gehen, laufen, springen, tanzen, Holz hacken, Kniebeugen, Liegestütz, Klimmzüge und Kopfstand machen, Rad schlagen und Treppen steigen. Für ein gesundes Leben reichen die natürlichen Bewegungen des Körpers aus.

Auch ist wichtig, sich zwischendurch mal richtig anzustrengen. Nutzen Sie jede Gelegenheit zur Bewegung. Meiden Sie jeden Fahrstuhl. Laufen Sie Rolltreppen rauf, statt zu stehen. Stehen Sie oft auf und strecken Sie sich. Wenn Sie Ihr Auto parken, suchen Sie nicht den bequemsten Parkplatz, freuen Sie sich auf lange Laufwege. Wenn Sie nicht gerne joggen, dann

---

2 Mehr dazu finden Sie unter http://urgck.de/csa

lassen Sie es bleiben und verausgaben Sie sich anders. Oder lernen Sie, das Laufen zu lieben: Machen Sie es trotz ihres Widerwillens zwei Wochen lang täglich. Konzentrieren Sie sich dabei auf die angenehmen Aspekte: Frische Luft, Gerüche und das Gefühl der Freiheit. Möglicherweise finden Sie tatsächlich Gefallen daran und wollen nicht mehr ohne leben.

Kurz: Machen Sie Bewegung zum natürlichen Teil ihres Alltags (so wie das eigene Zubereiten Ihrer Mahlzeiten). Finden Sie Freude an der Bewegung und entdecken Sie die Möglichkeiten Ihres Körpers. Das scheint allemal vernünftiger, als drei Mal pro Woche der halbstündigen Fahrt zum Fitnesscenter, der Parkplatzsuche und dem Krach in den sterilen Hallen mit Grauen entgegenzublicken.

Ist gute Ernährung teuer?

Teuer und *billig* sind nicht nur relative, sondern auch subjektive Begriffe. Unser Preisempfinden ist abhängig von unseren Prioritäten. Es unterliegt unserer Wertschätzung.

Wir geben in Deutschland seit Jahrzehnten einen immer geringeren Anteil unseres verfügbaren Einkommens für Lebensmittel aus. Im internationalen Vergleich wenden wir so wenig Geld für unser Essen auf, wie nur die Bewohner weniger anderer Länder. Den Menschen in Frankreich und Italien ist ihr Essen über 50 Prozent mehr wert. In Deutschland geben wir also bereits relativ wenig Geld für Lebensmittel aus.

Zugleich bekommen Landwirte von jedem für Lebensmittel ausgegebenen Euro nur noch halb so viel wie vor 45 Jahren: Rund 20 Cent. Stattdessen fließt das Geld in die verarbeitende Industrie, die viel an Fertigerichten, Gefrierkost und

Konserven verdient. Wo im Jahr 1900 ein Landwirt vier Menschen versorgte, sind heute in Deutschland 140 Menschen von einem Landwirt abhängig. Eine empfindliche Situation, die schnell aus dem Gleichgewicht geraten kann. Selbst, wenn wir unsere Lebensmittelausgaben nicht erhöhen, können wir die Ausgaben sinnvoll verlagern: Je mehr Geld wir für frische Lebensmittel wie Obst und Gemüse direkt vom Landwirt ausgeben, desto mehr stärken wir seine Position in der Versorgungskette und desto mehr gewinnen wir selbst vom Essen. Denn wer selbst kocht, bekommt bei gleichbleibenden Ausgaben mehr für sein Geld: Mehr Lebensmittel und bessere Qualität.

Wie groß das Potenzial in einer optimierten Lebensmittelverwertung ist, zeigt auch ein Blick auf unsere Abfallwirtschaft: Bis zu 50 Prozent unserer Lebensmittel landen im Müll. Zwar sind die Verluste schon in der Erzeugung groß, denn rund 10-40 Prozent des in Europa erzeugten Obsts und Gemüses erreicht den Handel gar nicht erst: Zu groß, zu klein, zu krumm, zu schrumplig – was dem Schönheitsideal des Handels nicht entspricht, bleibt beim Erzeuger und oft direkt auf dessen Feld. Dennoch finden 42 Prozent der Gesamtverschwendung beim Verbraucher statt. Wie kann das sein? Es landen mehr verderbliche Waren im Einkaufswagen als der Haushalt verbraucht, Lebensmittel verlieren sich in den Tiefen des Kühlschranks und der Koch bereitet zu viel zu. Wenn es *Reste vom Vortag* heißt, mögen viele es nicht essen und die Abwechslung soll möglichst groß sein. Warum auch nicht, wenn alles so billig ist? Was stören die paar Cent für Marmelade und Schinken, Eier und Kartoffeln im Mülleimer? Das sind Symptome mangelnder Wertschätzung. Eine Überflusskultur misst dem Essen praktisch keinen Wert bei, wenn es kostengünstig und anonym aus der Fabrik kommt, keine individuelle Geschichte und keine Tradition hat.

Wer hingegen ein engeres Verhältnis zu seinen Lebensmitteln hegt, den Erzeuger kennt und dessen Arbeitseinsatz, wer wochenlang nach dem besten Gemüsegärtner sucht, hat nicht nur finanziell, sondern auch zeitlich und persönlich etwas investiert. So jemand geht meist sorgfältiger mit seinen Lebensmitteln um, teilt sie sich ein und versucht, jedes Gramm optimal zu verwerten. Das ist eine aktiv gepflegte Esskultur.

Die reichhaltige Küche der italienischen Regionen, besonders im Süden, ist heute weltbekannt und beliebt, dabei basiert sie häufig auf Sparsamkeit und Einfallsreichtum, um aus wenigen Lebensmitteln viel zu machen. Das Land hütet diesen kulturellen Schatz bis heute und noch immer geben Mütter und Großmütter ihre Erfahrungen und Fähigkeiten an die Kinder weiter: Wer kochen kann, wirft oft weniger weg. Sein kulinarisches Vokabular ist größer. Ist dampfgegarter Brokkoli von vorgestern übrig? Warum ihn nicht einfach in eine Auflaufform geben, etwas Béchamelsoße köcheln, darüber gießen und kurz backen?

Das Problem der Lebensmittelverschwendung mag global sein, findet jedoch regional statt. Deswegen sind unser aller Schritte zur Lösung ein nachhaltiger Weg in die Zukunft. Je effizienter wir Lebensmittel verwerten, desto geringer ist anteilig unser Ressourcenverbrauch. Entsprechend benötigen wir weniger landwirtschaftliche Fläche. Wir sind dann nicht mehr oder zumindest weniger darauf angewiesen, Land in Entwicklungsländern zu kaufen, um dort Lebensmittel für unseren Bedarf anzubauen. Dieses *Landgrabbing* führt in fernen Ländern zu Landmangel, welcher dort wiederum häufig Versorgungsprobleme der lokalen Bevölkerung verursacht. Insofern liegt der häufig belächelten Mahnung »Iss deinen Teller leer, in der Dritten Welt verhungern Kinder!« eine Tatsache zugrunde, die mehr als ein moralisches Problem ist: Jedes von uns weggeworfene Lebensmittel muss produziert werden und kann daher Hunger an einem anderen Ort verursachen.

Was können wir also tun, um weniger Lebensmittel zu verschwenden und Geld zu sparen? Es kostet nur ein wenig Hirnschmalz:

- Überlegen, was wirklich benötigt wird, sich vor dem Einkaufen eine Liste machen, ein wenig planen und auch mal auf exzessive Vielfalt verzichten.
- Den Kühlschrankinhalt im Auge behalten und bei Ideenmangel ein gutes Kochbuch besorgen, das für jede Zutat ein passendes Rezept bietet.
- Hochwertige Lebensmittel kaufen, vielleicht etwas mehr bezahlen, den Erzeuger oder wenigstens die Erzeugung kennenlernen und so Wertschätzung entwickeln.

Auch ohne den vollen Überblick über politische, geographische und logistische Ursachen des Welthungers können wir alle zum allgemeinen und zum eigenen Nutzen an der Lösung arbeiten.

Gute Ernährung muss also nicht teuer sein. Aber gutes Essen hat seinen Preis.

BRAUCHT MAN NAHRUNGSERGÄNZUNGSMITTEL?

Wer sich eingehend mit seinen Lebensmitteln befasst, erfährt viel über die Macht der enthaltenen Nährstoffe und überlegt womöglich, ob er genug für seine Gesundheit tut. Warum gibt es Nahrungsergänzungsmittel? Was war zuerst da? Die

Nachfrage nach Nahrungsergänzungsmitteln *(Supplementen)* oder ihr Angebot? Eindeutig klären lässt sich diese Frage vermutlich nicht. Es ist gut möglich und würde in das etablierte Muster passen, wenn Hersteller direkt nach Entdeckung der ersten Vitamine im frühen 20. Jahrhundert sofort ein Angebot geschaffen und so den Markt entwickelt hätten. Diese lange Tradition besteht bis heute, zum Beispiel in Form um Vitamine und Omega-3-Fettsäuren angereicher Margarine. Abnehmer dieser Mittel finden sich in allen Bereichen des Lebens. Um ihre Kinder besorgte Mütter, überarbeitete Manager oder engagierte Bodybuilder: Viele Menschen glauben der Industrie, dass Nahrungsergänzungsmittel für ein glückliches, gesundes Leben nötig seien.

Doch welches soll man nehmen? Fast jeder identifizierte Nährstoff oder Wirkstoff ist in isolierter Form erhältlich. Selbst im Supermarkt haben sich zu den altbekannten Vitaminen und Mineralstoffen neben Pflanzenstoffe auch verschiedenste Aminosäuren und Enzyme gesellt. Sie alle bringen grundsätzlich Probleme mit sich.

Die Ergänzungsmittel sind isoliert, also aus ihrem natürlichen Kontext genommen. Die Vitamine in einem Apfel mögen gesund und wichtig sein, doch wie wirken sie isoliert, ohne die übrigen Nährstoffe, die Fructose, die Ballaststoffe, das Wasser, den Geschmack? Es gibt unzählige Beispiele für Nahrungsergänzungsmittel, die ohne ihren natürlichen Kontext nicht wirksam oder gar schädlich sind. Man denke allein an die fettlöslichen Vitamine A, D, E & K, die ohne Fett nicht vom Körper verarbeitet werden können. Für einige Nahrungsergänzungsmittel ist der nötige Kontext anscheinend bekannt, doch längst nicht für alle.

Wenn wir einen Stoff essen, bedeutet dies nicht zwingend,

dass er im Darm ankommt oder vom Körper überhaupt absorbiert wird. Das gilt selbst für ganze, echte Lebensmittel wie Eier: Das Eiweiß aus rohen Eiern ist nur zu rund 50 Prozent verdaulich, erst in gekochter Form kann der Mensch rund 90 Prozent des Eiweißes überhaupt verwerten. Der Mensch ist keine simple Maschine. Wir können nicht ohne Weiteres ausrechnen, was wir zum Erreichen eines bestimmten Ergebnisses einwerfen müssen.

Wer weiß schon, was ein Nährstoffmangel oder -überschuss ist? Oftmals diagnostizieren Ärzte oder Ernährungsberater einen Mangel allein anhand von Zahlenmaterial. Jemand lässt sein Blut untersuchen, schaut sich die Werte an und schlägt die Hände über dem Kopf zusammen, weil sie nicht mit den Richtwerten übereinstimmen. Doch was sind die Richtwerte? Nichts anderes als mal mehr und mal weniger justierte Mittelwerte. Durchschnittsangaben. Wer ihnen nicht entspricht, ist nicht mittelmäßig. Doch ist das so schlimm? Menschen sind verschieden, Bedürfnisse variieren nicht nur aufgrund genetischer Differenzen sondern auch abhängig von Lebenswandel und Umgebung. Ein abweichender Blutwert mag Hinweise geben können, doch manche Menschen sind einfach anders. Nur konkrete Symptome können einen echten Mangel oder Überschuss wirklich belegen.

Wer seinen Körper mit isolierten Nährstoffen in großen Mengen konfrontiert, läuft Gefahr, ein sehr komplexes, eingespieltes System zu stören und aus dem Gleichgewicht zu bringen. Der Mensch und seine Vorfahren haben sich über viele Millionen Jahre im Kontext mit ihrer Umwelt und Ernährung entwickelt. Wir sind als Spezies so, wie wir sind, weil wir in der Vergangenheit die in unserer natürlichen Umgebung verfügbaren Lebensmittel gegessen haben. Unser gesamtes System ist auf diese Zusammenhänge eingestellt. Auch und gerade bei einer individuell extremen Abweichung eines Wertes kann ein solcher Eingriff mit isolierten Mitteln Unheil wie erhebliche Nierenschäden anrichten.

Welche Alternativen gibt es zu Nahrungsergänzungsmitteln? Die Antwort liegt auf der Hand. Wir sprechen von Nahrungs*ergänzungs*mitteln. Warum die Nahrung ergänzen, wenn man sie umgestalten kann? Statt viel Geld für Fischölkapseln auszugeben, könnte man seine Ernährung hin zu mehr Omega-3-Fettsäuren umstellen und vielleicht weniger Omega-6-Fettsäuren essen. Statt Mineralstoffkapseln oder Vitamintabletten zu schlucken, könnte man einfach mehr entsprechendes Gemüse und Obst essen und dafür auf Fertiggerichte verzichten.

Wir haben als Spezies viele Millionen Jahre ohne Nahrungsergänzungsmittel überlebt. Es gibt durchaus vereinzelte Fälle, in denen sie hilfreich, sinnvoll oder nötig sind. Doch im Normalfall kommen wir ohne aus. Selbst der seit Jahren sinkende Nährstoffgehalt vieler Obst- und Gemüsesorten stellt bei sorgfältiger Ernährung noch lange kein Problem dar. Wir sollten uns von der Industrie keine Angst vor einem Mangel einreden lassen. Hippokrates brachte es schon vor über 2000 Jahren auf den Punkt: »Lass die Nahrung deine Medizin sein und Medizin deine Nahrung«

Kein noch so gut und eindringlich beworbenes Nahrungsergänzungsmittel kann allgemein lebensnotwendig sein. Das zeigt eine Millionen Jahre lange Geschichte. Eine ausgewogene, vielseitige Ernährung versorgt den gesunden Menschen per Definition mit allen notwendigen Nährstoffen.

Nahrungsergänzungsmittel sind Krücken. Eine sehr durchdachte, sorgfältige Supplementation mit gezielt gewählten

Nährstoffen kann Vorteile für die körperliche Leistungsfähigkeit bringen oder bei der Behandlung spezifischer Erkrankungen helfen. Doch für keinen gesunden und gesund lebenden Menschen sind Nahrungsergänzungsmittel notwendig oder allgemein hilfreich.

Muss ich mich wirklich selbst um meine Ernährung kümmern? Was ist mit dem Staat oder der Industrie? Warum helfen mir die Medien nicht?

Heute ist weltweit mehr als ein Drittel aller Erwachsenen übergewichtig oder adipös. Mit den entsprechenden gesundheitlichen Problemen haben insgesamt 2,1 Milliarden Menschen zu kämpfen, die direkte Folge sind allein im Jahr 2010 rund 3,4 Millionen Tode. Die Pandemie des Übergewichts ist besonders in den entwickelten Ländern ein ernsthaftes Problem und Anlass für zahlreiche Diskussionen und Kampagnen. Recht spät stößt nun auch die Politik mit bundesweiten Initiativen wie IN FORM hinzu, während die Medien vermitteln, wir hätten die Schuldigen längst gefunden.

Natürlich muss die Industrie schuld sein, denn sie verkauft die dickmachenden Produkte, macht sie schmackhaft mit Salz, Zucker und Fett und schreckt vor nichts zurück im Kampf um den Magenanteil. Die Industrie ist es, die profitiert, wenn wir mehr essen als wir sollten, und die uns bombardiert mit Werbung und falschen Versprechen. Die Medien wären demnach mitschuldig, weil sie die Werbung ausstrahlen und unsauber recherchieren wenn es um die gesundheitliche Aufklärung geht. Statt ihre Rezipienten in deren Interesse zu informieren, tragen sie mit widersprüchlicher Berichterstattung zur Verwirrung bei. Verboten gehört dies durch die Politik, die ebenso mitverantwortlich ist, jedoch die Gesundheit der Bevölkerung den Industrieinteressen unterordnet.

Weiterhin schuldig ist das Fett im Essen, wegen der vielen Kalorien. Und die Kohlenhydrate, denn sie machen süchtig und krank und fett.

Bei so klaren Verhältnissen müsste die Epidemie sich einfach stoppen lassen. Es sollte genügen, die Industrie in die Schranken zu weisen, die Medien besser zu regulieren und die Lobbyisten auf dem politischen Spielfeld zu entmachten. Kampagnen gegen Fett und Kohlenhydrate sind dann eine einfach umsetzbare Folge. Doch wie realistisch ist das?

Nichts hiervon soll sarkastisch klingen. Es beschreibt unser Problem der vergangenen drei Jahrzehnte recht treffend. Ein anderes Verhalten der Industrie, Medien und Politik und ein aufgeklärter Umgang mit Fett und Kohlenhydraten hätten die Pandemie des Übergewichts verhindern und vielen Menschen das Leben retten können.

Doch dieses Bild ist unvollständig. Es fehlen diejenigen, die Lebensmittel wählen und kaufen, sich in den Mund stecken, kauen und herunterschlucken. Diejenigen, die immer mehr essen und sich immer weniger bewegen: wir Konsumenten. So offenbarend wie bedrückend ist ein Blick auf die Geschichte: Übergewicht mag sich heute rasanter verbreiten als je zuvor, doch die Ursachen sind seit mindestens 200 Jahren die gleichen und durchaus gut bekannt.

»[Die überwiegende Mehrheit] aller Menschen isst und trinkt zu viel und enorme Mengen Lebensmittel und Getränke werden täglich unnötig verzehrt.« schreibt Jean Anthelme Brillat-Savarin bereits im 1825 veröffentlichten *Physiologie du goût* (dt. *Physiologie des Geschmacks*). Er konkretisiert dies und weist explizit auf Kohlenhydrate hin: »Der zweite Hauptgrund für Übergewicht liegt in Stärke und Mehl [...] Alle Tiere, die von mehligen Lebensmitteln leben, werden fett; ob sie wollen oder nicht.«

Auch unsere Manipulation durch Nahrungsmittel beschreibt der Franzose schon zu Beginn des 19. Jahrhunderts. Da wir süße Speisen selten essen, bevor wir satt sind – normalerweise sind sie das Dessert – regen wir unseren Appetit durch die Kombination aus Mehl und Zucker an, um noch mehr zu essen.

Selbst Bewegungsmangel und unsere Ausreden dafür sind spätestens seit der Zeit, als Napoleon Bonaparte seine Fußabdrücke hinterließ, nichts Neues: »Bewegung zu Fuß bringt noch mehr Probleme mit sich: Es ist furchtbar ermüdend, das Schwitzen birgt die Gefahr einer Rippenfellentzündung; Staub ruiniert die Strümpfe, Steine beschädigen die feinen Schuhe und die ganze Angelegenheit ist hoffnungslos langweilig«, berichtet Brillat-Savarin. »Und wenn am Ende nur der kleinste Kopfschmerz aufkommt oder sich ein nahezu unsichtbarer Hautfleck zeigt, bekommt das ganze Prinzip der Leibesertüchtigung die Schuld und wird aufgegeben, zum Unmut des Arztes.«

Die Industrialisierung der Nahrungsmittelproduktion war damals noch undenkbar und die Weltbevölkerung hatte gerade eine Milliarde erreicht. Strukturell hat sich unsere Gesellschaft verändert und die heutige Situation scheint dramatischer. Unser Blick in die Vergangenheit zeigt jedoch deutlich, was sich nie geändert hat: Jeder Mensch ist für seine Ernährung und seinen Lebenswandel selbst verantwortlich.

Was ist die Lösung? Es ist im Einzelfall irrelevant, wer

schuld an der bestehenden Situation ist. Selbst wenn wir einen Schuldigen festnageln könnten, würde das nichts ändern. Sind die verlockenden Angebote der Industrie eine Herausforderung für unsere Entschlossenheit, nur frische Lebensmittel und wenig Zucker zu essen? Zweifelsohne. Könnte die Politik etwas dagegen unternehmen und die psychologische Manipulation auch durch Werbung eingrenzen? Klar. Wäre eine sorgfältige Berichterstattung und Information durch die Medien hilfreich bei der Bildung zu ernährungsrelevanten Themen? Sicherlich. Wir können weiterhin mit dem Finger auf andere zeigen und warten, dass jemand etwas tut. Und wir sollten im Sinne der Zivilgesellschaft gemeinsam mit allen Beteiligten an dem Problem arbeiten.

Doch weder ist eine zügige Änderung zu erwarten, noch hälfe sie im Einzelfall. Es bleibt dabei: Wir selbst wählen und kaufen, kauen und schlucken unser Essen. Mit diesen essenziellen Schritten sind wir glücklicherweise noch immer uns selbst überlassen und hier können wir selbst eingreifen. Sicher wäre Hilfe von außen wünschenswert. Darauf können wir warten. Oder wir treffen eine Entscheidung: Selbst aktiv werden, Verantwortung für unser Leben übernehmen und die Ernährung zielgerichtet umstellen. Das ist Eigenverantwortung.

Sie können sofort anfangen und selbst etwas unternehmen. Eine Ernährungsumstellung kann sehr einfach und dennoch effektiv sein. Fast alle Quellen sind sich einig: Gesunde Ernährung beginnt mit einem großen Haufen Gemüse. Ganz gleich ob Mediterran, Vegetarisch, Vegan, Paleo oder Rohkost: Bei den erfolgreichsten Diäten stehen viele frische Pflanzen ganz oben auf der Liste. Wer den Großteil seines Tellers mit Gemüse füllt, nutzt bereits die meisten Vorteile dieser Programme. Wer sich bei den Getränken überwiegend auf Wasser beschränkt, setzt einen weiteren der effektivsten Schritte zum Abnehmen um.

Und das tägliche Bewegungspensum lässt sich stets um eine Kniebeuge, Liegestütz oder 50 gelaufene Meter erhöhen. Am besten in freier Natur, denn für Bewegung gilt das gleiche wie für die Ernährung: Sie dient nicht nur dem Körper, sondern auch Geist und Seele.

WAS IST ÜBERHAUPT GESUNDES ESSEN?

Unsere Gesellschaft diskutiert viel über gesunde Ernährung. Und obwohl sozialer Stand und die Verbreitung von Herzkrankheiten stärker miteinander korrelieren als ernährungsbedingte Einflüsse, finden andere Aspekte des Lebenswandels in dieser Diskussion selten Platz. Ist eine Separation der Ernährung überhaupt so weit möglich, dass wir sie als gesund oder ungesund bezeichnen können? Und welchen Platz nimmt gesundes Essen vor dem Hintergrund eines unausweichlichen Todes ein? Was ist gesunde Ernährung?

Auf Basis des Nährstoffgehalts ist es möglich, Aussagen über die Wirkungen von Lebensmitteln auf den Körper zu treffen. Mit großer Vorsicht und ausreichenden Vorbehalten können diese Bekundungen präzise sein. Die meisten Erkenntnisse beruhen allerdings auf sehr instabilen Daten oder vagen Vermutungen. Zum Verdeutlichen dieser mangelnden Evidenz sind einzig Begriffe wie *offenbar, scheinbar, wahrscheinlich* oder *vermutlich* geeignet. Im Optimalfall kann ein Individuum auf Basis dieser Forschung eigene Experimente durchführen. Eine entsprechende Methodik vorausgesetzt kann jeder prüfen, welche Lebensmittel er gut verträgt und welche nicht. Durch geschickte Kombination und Ausschlussverfahren kann man einige Rückschlüsse ziehen über die eigenen Gene, die Epigenetik, den Zustand des Stoffwechsels oder auch die Zusammenstellung des Mikrobioms im Darm.

So kann ich ermitteln, welche Lebensmittel mir gut tun und welche mir schaden und dann erstere essen und letztere meiden. Oft ergibt sich dabei ein sehr fester Plan, eine Einteilung von Lebensmitteln in gute und schlechte. Ganz ähnlich wie der Nährstoffismus dies propagiert. Unter die Räder geraten dabei viele wichtige, mal mehr und mal weniger greifbare Einflussgrößen auf die Gesundheit.

Psychosozialer Stress hat signifikanten Einfluss auf die Gesundheit. Der Zustand der Psyche ist schwer messbar und auch sie unterliegt dem individuellen Einfluss. Je nach kulturellem oder religiösem Hintergrund spielen andere Faktoren eine Rolle. Längst gilt die Vermeidung von Stress als wichtiger Schritt zu einem gesünderen und glücklicheren Leben.

Oft vergessen die nach psychischer Erlösung Suchenden dabei die Reflexion. Denn Stress wird zwar häufig als externer Einfluss verstanden, tatsächlich entsteht er jedoch zumeist im Menschen selbst. So sind nicht etwa Termine die Ursache von Stress, sondern die eigene Erwartung, sie alle einhalten zu müssen. Nicht das schreiende Baby ist die Ursache des Stresses, sondern die Erwartung, es würde ruhig durchschlafen. Und eben dieser Effekt der Erwartung hat maßgeblichen Einfluss auf die Gesundheit der Ernährung. Nicht zuletzt dann, wenn wir erwarten, dass jede Mahlzeit genau unserem persönlichen Plan entspricht (und so etwa *absolut vegan* oder *100 Prozent Paleo* ist).

Unsere sorgfältigen Experimente und Recherchen und unsere Überzeugung von den (anekdotischen) Beweisen verursachen uns dann Stress, wenn wir nicht die Konsequenz ziehen. Und oft auch dann, wenn wir es tun: Durch den dafür nötigen Aufwand.

Was ist ungesund? Fleisch? Gesättigtes Fett? Gluten? Soja? Mehrfach ungesättigte Fettsäuren? Mal scheint die Beweislage überwältigend und mal ist sie schwach. Schlimmer noch: Ein so nährstoffreich und folglich gesund erscheinendes Lebensmittel wie die Walnuss liefert zwar wertvolle Mineralstoffe und Fett als Energie, jedoch zugleich auch oxidationsanfällige, mehrfach ungesättigte Fettsäuren und Phytinsäure. Ist die Walnuss nun gesund oder ungesund? Schnell ist Paracelsus' Zitat »Die Dosis macht das Gift!« (sinngemäß) zu hören. In der Tat: Es ist Gift in allem.

Wir brauchen das Essen wie die Luft zum Atmen. Damit meinen wir unsere Abhängigkeit vom Sauerstoff. Doch auch Sauerstoff ist ungesund, denn er führt zur Oxidation. Je mehr wir atmen, je mehr wir uns körperlich betätigen, desto schneller altern wir. Sport wäre demnach ungesund. Nicht nur aufgrund des höheren Verschleißes beweglicher Körperteile, sondern auch durch die erhöhte Oxidation, den erhöhten Energieverbrauch und den entsprechenden Stoffwechsel. Dies ist keine reine Theorie: Experimenten auch mit unterkalorischer Ernährung zufolge kann eine Verlangsamung des Stoffwechsels unter bestimmten Umständen das Leben verlängern. Doch welche Qualität hat ein solches Dasein? Wollen wir Bewegung und Ernährung aus dem Leben ausklammern, nur um es zu verlängern? Demnach wäre auch das Leben ungesund, denn es setzt voraus, dass wir atmen (oxidieren), altern und essen. Wenn man nicht lebt, stellt sich die Frage nach Gesundheit nicht. Was ist das Ziel?

Der Frage nach gesunder Ernährung liegt der Wunsch

zugrunde, glücklich zu sein, nicht zu leiden oder das Leben möglichst lange zu genießen. Manchmal auch nur das Bestreben, alles *richtig* zu machen und sicher zu sein, keine *falsche* Entscheidung zu treffen.

All dies sind nicht absolute, sondern relative und vor allem subjektive Begriffe. Und weil sie subjektiv sind, unterliegen sie individueller Kontrolle. Als Menschen haben wir alle das Recht, das Privileg und die Pflicht, selbst Verantwortung für unser Leben zu übernehmen.

Deswegen ist die Suche nach der persönlichen optimalen Ernährung so wichtig. Für viele beinhaltet dies den Versuch, bis ins hohe Alter maximal fit und beweglich zu bleiben. Einige denken daran, möglichst lange Spaß zu haben. Dabei wäre zu erwägen, welche Menge Spaß heute optimal ist, um sich zu befriedigen, jedoch auch morgen noch Spaß haben zu können. Was ist erstrebenswerter? Ein langes Leben mit hoher körperlicher Fitness ohne Gebrechen in ständiger Selbstdisziplin? Oder purer Hedonismus, ein Leben in Ekstase, ohne Selbstkontrolle, welches möglicherweise früh endet? Dies ist keine Frage nach Quantität oder Qualität. Es ist einzig die Frage nach der individuellen Erwartung. Es gibt keine richtige oder falsche Entscheidung. Lediglich den passenden Lebensstil für die persönlichen Ziele können wir ermitteln.

Neben Parcelsus‹ häufigem Zitat findet auch eine Inschrift am Tempel von Delphi von vor über 2500 Jahren regelmäßig Platz in dieser Diskussionen: »Alles in Maßen« (»medèn ágan«). Ursprünglich mahnte dies zur Bescheidenheit und nicht zur Mäßigung etwa des Alkoholkonsums. Bescheidenheit passt dennoch in die Ernährungsdiskussion. Nämlich dann, wenn es um die Absolutheit unserer Aussagen geht. Die Geschichte gemahnt Wissenschaftler zur Bescheidenheit bei der Interpretation von Studienergebnissen. Denn oft beeinflussen neben den untersuchten Faktoren auch andere den Sachverhalt. Und häufig sind alternative Interpretationen der Studienergebnisse möglich.

Für das Individuum gilt hingegen tatsächlich, das richtige Maß zu finden. Richtig für das eigene Leben. Und damit auch diese Suche nicht das ganze Leben in Beschlag nimmt, warnt uns Oscar Wilde: »Alles in Maßen. Auch das Maß.«

Geniessen und dabei etwas Gutes tun

Jede Entscheidung für oder gegen ein Lebensmittel hat weitreichende Auswirkungen auf unsere Umwelt, sowohl ökologisch als auch sozial. Wie wir essen entscheidet darüber, wie wir miteinander und mit der Natur leben. Angesichts des Klimawandels und der wachsenden Weltbevölkerung sind dies Fragen, zu denen wir Stellung beziehen müssen. Essen mit Verstand ist auch deswegen wichtig.

Danksagungen

Gut Ding will Weile haben. Nicht unbedingt viel Zeit, allerdings in jedem Falle Geduld.

Beim Schreiben dieses Buches hat Sascha Pranschke mich mit Geduld und Umsicht begleitet. Seine Erfahrung gab mir Sicherheit und bewahrte mich vor Fehlern und Nachlässigkeit.

Das Umschlagmotiv stammt aus der Hand von Andrea Christen, die sich mit Geduld die Zeit nahm, meine Ideen und Vorstellungen präzise zu verstehen und umzusetzen.

Anja Meiners, Daniela Engelking, Iris Kirberg, Thorsten Simon und viele andere Mitarbeiter in meinem Verlag BoD leihen mir für meine Wünsche, Anregungen und Fragen immer ein geduldiges Ohr.

Marko und Christine betreuen liebevoll und mit stoischer Geduld das Urgeschmack-Forum, helfen den Hilfesuchenden und pflegen die Ordnung.

Geduld zeigen auch meine Kollegen wie Sascha Fast und Constantin Gonzalez Schmitz, wenn ich Emails länger nicht beantworte, eigensinnige Ideen verfolge oder mir Rat einhole und ihn dann nicht immer befolge.

Meine Familie und meine Freunde haben Geduld mit mir. An und mit ihnen lerne ich selbst Geduld. Zusammen sind wir schon ganz gut geworden.

Trotz der vielen Alternativen – oft bunter und lauter – nehmen sich meine Leser geduldig die Zeit zum Lesen meiner Artikel.

Euch allen danke ich von Herzen.

Bibliografie

Brillat-Savarin, Jean Anthelme. *Physiologie Du Goût.* Charpentier. 1838.

Carbonaro et al. *Modulation of Antioxidant Compounds in Organic vs Conventional Fruit (Peach, Prunus Persica L., and Pear, Pyrus Communis L.).* J. Agric. Food Chem. 50.19 (2002): 5458–462.

Carbonaro et al. *Polyphenoloxidase Activity and Polyphenol Levels in Organically and Conventionally Grown Peach (Prunus Persica L., Cv. Regina Bianca) and Pear (Pyrus Communis L., Cv. Williams).* Food Chemistry 72.4 (2001): 419–24.

Colman et al. *Caloric Restriction Delays Disease Onset and Mortality in Rhesus Monkeys.* Science. 2009 Jul 10;325(5937):201–4.

Fujimura et al. *Role of the Gut Microbiota in Defining Human Health.* Expert Rev Anti Infect Ther. 2010 Apr;8(4):435–54

Gabardi et al. *A Review of Dietary Supplement–Induced Renal Dysfunction.* CJASN 07/2007: vol. 2 no. 4757–765

Global, Regional, and National Incidence, Prevalence, and Years Lived with Disability for 301 Acute and Chronic Diseases and Injuries in 188 Countries, 1990–2013: A Systematic Analysis for the Global Burden of Disease Study 2013. The Lancet 386.9995 (2015): 743-800.

Kresser, Chris. *Why Grass-Fed Trumps Grain-Fed.* 29 Mar. 2013.

Mogel, Wendy. *The Blessing of a Skinned Knee: Using Jewish Teachings to Raise Self-reliant Children.* New York: Scribner, 2001.

Pollan, Michael. *How Cooking Can Change Your Life.* YouTube. 02 Dec. 2015.

Pollan, Michael. *In Defense of Food: An Eater's Manifesto.* New York: Penguin, 2008.

Pollan, Michael. *Some of My Best Friends Are Germs.* New York Times Magazine. *05/2013*

Rose, G., and M. G. Marmot. *Social Class and Coronary Heart Disease.* Heart 45.1 (1981): 13-19.

Wrangham, Richard W. *Catching Fire: How Cooking Made Us Human.* New York: Basic, 2009.